让我们读起来

——整本书阅读的活动设计

王 伟◎主编

文汇出版社

图书在版编目（CIP）数据

让我们读起来：整本书阅读的活动设计 / 王伟主编.
-- 上海：文汇出版社，2023.12
ISBN 978-7-5496-4188-8

Ⅰ.①让… Ⅱ.①王… Ⅲ.①阅读课—中学—教学参考资料 Ⅳ.①G634.333

中国国家版本馆CIP数据核字（2023）第229334号

让我们读起来：整本书阅读的活动设计

主　　编 / 王　伟
责任编辑 / 甘　棠
装帧设计 / 薛　冰

出版发行 / 文匯出版社
　　　　　　上海市威海路755号
　　　　　　（邮政编码200041）
经　　销 / 全国新华书店
印刷装订 / 上海新文印刷厂有限公司
版　　次 / 2023年12月第1版
印　　次 / 2023年12月第1次印刷
开　　本 / 720×1000　1/16
字　　数 / 220千字
印　　张 / 11.5

书　　号 / ISBN 978-7-5496-4188-8
定　　价 / 58.00元

让我们读起来(代序)

上海市杨浦高级中学　王　伟
杨浦区"知·行·思"语文名师工作室主持人

在语文教学"双新"改革的大背景下,"整本书阅读"日渐成为讨论的热点问题,教师如何教,学生如何学,是广大语文教师面临的一个新的课题。

答案其实就在课程标准中,无论是2020版的《普通高中语文课程标准》还是2022年版的《义务教育语文课程标准》都对"整本书阅读"提出了明确的要求,一线教师的教学就是要将这些原则性的要求转化为具体的教学实践。

2022年版的《义务教育语文课程标准》中将"整本书阅读"列入"拓展型学习任务群",设立这一学习任务的目的是"旨在引导学生在语文实践活动中,根据阅读目的和兴趣选择合适的图书,制订阅读计划,综合运用多种方法阅读整本书;借助多种方式分享阅读心得,交流研讨阅读中的问题,积累整本书阅读经验,养成良好阅读习惯,提高整体认知能力,丰富精神世界"。

而在7—9年级学段的教学提示中又进一步提出了"……应兼顾教师指导和学生自主阅读……指导学生认识不同类型图书的特点和价值,根据自身实际确定阅读目的,选择图书和适宜的版本……善于发现学生阅读整本书的成功经验,及时组织交流与分享;善于发现、保护和支持学生阅读中的独到见解";"阅读教学,应以学生自主阅读活动为主。引导学生了解阅读的多种策略,运用浏览、略读、精读等不同阅读方法……重视序言、目录等在整本书阅读中的作用。设计、组织多样的语文实践活动,建立读书共同体,交流读书心得,分享阅读经验";"根据开展读书活动的实际需要,合理推荐和利用适宜的学习资源……激发学生的阅读兴趣，丰富阅读体验，拓宽阅读视野。借助信息技术为学生拓展学习空间，提供写作、展示、研讨和交流的平台"；"注意考察阅读整本书的全过程，以学生的阅读态度、阅读方法和读书笔记等为依据进行评价……引导学生从阅读方法、阅读习惯等方面进行自我反思、自我改进"等四项要求。

2020版的《普通高中语文课程标准》中"整本书阅读与研讨"的学习贯串必修、选择性必修和选修三个阶段，并且提出"应以学生利用课内外时间自主阅读、撰写笔记、交流讨论为主，不以教师的讲解代替或限制学生的阅读与思考。教师的主要任务是提出专题学习目标，组织学习活动，引导学生深入思考、讨论与交流。教师应以自己的阅读经验，平等地参与交流谈论，解答学生的疑惑"。

通过对课程标准的研读，我们发现在"整本书阅读"教学中，无论是义务教育初中阶段，还是高中阶段，教师应是主导，而学生应是主体，教师不能代替学生阅读，或者将自己的阅读经验、体验强加于学生，教师的作用是"指导、发现、引导、设计、组织、推荐、利用、激发"等等，而阅读整本书的过程要由学生来完成。

基于以上认识，杨浦区"知·行·思语文名师工作室"的老师们将"整本书阅读的活动设计"作为工作室的中心课题，着眼于如何让学生有兴趣、有方法地去阅读，通过活动的设计促使学生主动参与阅读，从而激发阅读兴趣，掌握阅读方法。之所以以"活动设计"作为切入点，一是"活动设计"能充分体现出教师在"整本书阅读"教学中的主导作用，二是"活动"是推进整本书阅读的重要手段和方式，教师的教学目的、教学过程都以"活动"的方式呈现，而"活动"又有利于激发学生的阅读兴趣，提高学生参与的主动性。

《让我们读起来》这一书名中的"我们"，不是教师而是学生，要通过教师的活动设计，让学生读起来。根据课程标准的相关要求，我们确立了本书的写作框架：

一、书本简介（包括书本的内容简介，版本介绍，对书本的评价，学生阅读书本的意义和价值）

二、阅读目标（从以下几个角度来思考）

1. 阅读后要了解的核心或者关键内容是什么

2. 掌握哪些阅读这一类书籍的基本方法

3. 具备哪些阅读这一类书籍的基本能力

三、阅读任务（此为主体部分）

阅读任务的活动设计，可以是专题化的，也可以是项目化的，可以是个人的，也可以是小组集体，或者是两者相结合的

四、设计说明

包括设计的意图、依据和目的，能结合课程标准的相关要求。

我们认为整本书阅读与整本书阅读教学是两个不同的概念，前者是侧重于学生的学习，后者侧重于教师的教学。本书重在从学生学习的立场出发，通过教师设计，学生完成一系列阅读任务，培养学生具备一定的自主阅读能力。

在活动设计中，也要求作者们遵循一些整本书阅读活动设计的基本原则，主要是基于几个"有助于"："有助于学生阅读原著"，"有助于学生掌握阅读的方法和策略"，"有助于教师观察和了解学生的阅读过程"。

本书篇目的选取，初中阶段主要是各年级的必读书目，高中阶段的《红楼梦》整本书阅读设计，采取了"同课异构"，由四位老师从各自不同的角度进行活动设计，此外，我们还增加了"选择性必修上册第三单元外国作家作品研习"整本书阅读的活动设计。

本书作者都是一线中青年教师，在繁忙的教学之余，对自身教学进行一些提炼和反思，实属不易。文中定多有不当之处，恳请读者不吝赐教，提出宝贵意见。

目 录

让我们读起来（代序）
.... 上海市杨浦高级中学　王　伟　1

初中整本书阅读

不灭的俄罗斯精神，永远心存希望
　　——《童年》阅读活动设计
.... 上海市存志学校　陈　澍　3

一个关于冒险的梦
　　——《鲁滨逊漂流记》阅读活动设计
.... 上海市市光学校　蔡　琨　13

我心中的鲁迅
　　——《朝花夕拾》阅读活动设计
.... 上海交大附中附属嘉定洪德中学　张留娣　20

西行取经　降妖除魔
　　——《西游记》阅读活动设计
.... 上海市控江初级中学　叶旭蔚　30

不可抗拒的命运
　　——《骆驼祥子》阅读活动设计
.... 上海市十五中学　朱文佳　36

壮观的海底世界
　　——《海底两万里》阅读任务设计
　　……………………………… 上海市市光学校　蔡　琨　45

让红色精神永生
　　——《西行漫记》阅读活动设计
　　………………… 上海交大附中附属嘉定洪德中学　张留娣　52

用人性去看待虫性，以虫性反映社会人生
　　——《昆虫记》阅读活动设计
　　……………………………… 上海市存志学校　陈　澍　63

家书抵万金
　　——《傅雷家书》阅读活动设计
　　………………… 上海交大附中附属嘉定洪德中学　张留娣　69

钢铁是这样炼成的
　　——《钢铁是怎样炼成的》阅读活动设计
　　……………………………… 上海市黄兴学校　贾　焱　83

土地和太阳的歌者
　　——《艾青诗选》阅读活动设计
　　…………………………… 上海市复旦实验中学　陈碧君　92

史诗般的广阔
　　——《水浒传》阅读活动设计
　　……………………………… 上海市黄兴学校　贾　焱　100

讽刺小说的丰碑
　　——《儒林外史》阅读活动设计
　　…………………………… 上海市控江初级中学　叶旭蔚　108

现代女性小说的楷模
　　——《简·爱》阅读活动设计
　　……………………………… 上海市十五中学　朱文佳　116

高中整本书阅读

乡土中国

中国社会的答案之书

——《乡土中国》学生自读指导

……………………………………… 上海市杨浦高级中学　张子川　125

红楼梦

都云作者痴，谁解其中味

——《红楼梦》阅读活动设计

……………………………………… 上海理工大学附属中学　黄　卉　134

读原典，品经典

——学习小说阅读方法之《红楼梦》阅读设计

……………………………………… 上海大学附属嘉定高级中学　王家宏　140

泛览·深识·通变

——以《红楼梦》阅读策略为例

……………………………………… 上海市杨浦高级中学　李润玉　146

生活的百科全书，语言的百科全书

——《红楼梦》阅读活动设计

……………………………………… 上海市同济中学　戴晓艳　153

献给孤独者的花束

——选择性必修上册第三单元外国作家作品研习活动设计

……………………………………… 上海市杨浦高级中学　周丽倩　160

初中整本书阅读

不灭的俄罗斯精神，永远心存希望

——《童年》阅读活动设计

上海市存志学校　陈　澍

一、书本简介

（一）主要内容介绍

《童年》是高尔基以自身经历为原型，创作的自传体小说三部曲中的第一部（其他两部分别为《在人间》《我的大学》）。

作品讲述了阿廖沙（高尔基的乳名）三岁到十岁这一时期的童年生活。

阿廖沙三岁时，失去了父亲，母亲瓦尔瓦拉把他送到位于尼日尼的外祖父家寄养。外祖父是个开染坊的小业主，原本家境颇为殷实。可阿廖沙到来时，外祖父家业已经开始衰落，由于家业不景气，外祖父也变得愈加专横暴躁。阿廖沙的两个舅舅米哈伊尔和雅科夫为了分家和侵吞阿廖沙母亲的嫁妆而不断地争吵、斗殴。阿廖沙一进外祖父家就不喜欢外祖父，害怕他，感到他的眼里含着敌意。一天，阿廖沙出于好奇，又受表哥怂恿，把一块白桌布投进染缸里染成了蓝色，结果被外祖父打得失去了知觉，并害了一场大病。从此，阿廖沙就开始怀着不安的心情观察周围的人们，不论是对自己的、还是别人的屈辱和痛苦，他都感到难以忍受。

但在这个污浊的环境里，也还有另外一种人。外祖母为人善良公正，热爱生活，她是阿廖沙生命中的一道光，她相信善总会战胜恶。她知道很多优美的民间故事，那些故事都是怜悯穷人和弱者，歌颂正义和光明的。这里还有乐观、纯朴的小茨冈，正直的老工人格里戈里，进步的知识分子"好事情"。

母亲在一天早晨突然回来了。开始，她教阿廖沙认字读书，但是，生活的折磨使她渐渐地变得漫不经心，经常发脾气，愁眉不展。后来母亲再婚，生活却依然不幸，她经常挨继父打。阿廖沙又回到外祖父家中，这时外祖父已经全面破产，他们的生活也越来越困苦。

不久母亲逝世，外祖父不愿意再养阿廖沙，于是阿廖沙就到"人间"混饭去了。

（二）书本评价

本书生动地再现了19世纪七八十年代沙俄统治下底层人民的生活状况，描绘了一幅俄国小市民阶层风俗人情的真实图卷。作品揭示了那些"铅样沉重的丑事"，写出了高尔基对苦难的认识，对社会人生的独特见解。作品中也呈现出作者的童年和青少年时代，在暗无天日的社会里寻找光明的奋斗历程，字里行间涌动着一股生生不息的热望与坚强。作品还描绘了作者周围的许多真诚善良的普通人，可亲的小茨冈，正直的格里戈里，神秘的"好事情"，外祖母的形象更是俄罗斯文学中最光辉、最富有诗意的形象之一。正是这些普通人给了幼小的高尔基良好的影响，使他最终成了坚强而善良的人。

《童年》在艺术上运用儿童视角和成人视角交替使用的方法。作品主要以儿童的视角观察描写生活，使"童年"丰富生动，充满童趣；另一方面，作家又间或以成人的视角评点生活，使作品更富有思想性和哲理性。学生在阅读时，可以尝试着分辨这两种视角。

（三）版本介绍

《童年》各个版本的差异主要是翻译的不同，笔者推荐刘辽逸的译本，人民文学出版社。这一版的翻译语言更具美感，语言也更加流畅。如这一段"一切都静悄悄的，每一个声音——鸟雀的动弹声，簌簌的落叶声——听来都是巨响，使人不禁要打冷战，但冷战过去后，你又在寂静中凝神不动了，——寂静

拥抱着整个大地，充满了整个心胸。"（刘辽逸译）

二、阅读设计

（一）目标：

  《童年》作为学生进入初中阶段，接触的第一部必读名著，出现在统编教材六年级上册第四单元"名著导读"板块。这一单元的单元选文还包括短篇小说《桥》《穷人》《金色的鱼钩》，选文的主旨是让学生从故事中看见"不一样的人生"，从而获得情感的熏陶和心灵的启迪。此单元具体的学习目标，主要有三：1.学会梳理情节，2.初步感知人物形象，3.认识小说所反映的社会生活。据此笔者就《童年》一书，确立了以下的学习目标：

  1.梳理阿廖沙的成长历程，明确以其为中心的人物关系；
  2.感知人物形象，用思辨的方式理解人性的复杂性；
  3.感知当时的社会现状，初步理解作者的写作意图。

（二）准备：

  为了达成学习目标使同学们对书中的人物和故事有更加深入的了解，建议学生在三周之内将这本书读完。

  具体方法：

  通读第一遍时，请在相对重要处做记号；阅读后完成活动一、活动二。

  如情节转折处：例："舅舅"；

  如人物对主人公的影响处：例"她没到来之前，我仿佛是躲在黑暗里睡觉，但她一出现，就把我叫醒了，把我领到光明的地方……"

  如主人公对生活的感受处：例："外祖父家里，弥漫着人与人之间炽热的仇恨之雾。"

  如作者的议论处：例："在这里，普通的俄国人曾生活过，而且直到现在还生活着。"

通读第二遍时可放慢节奏每天读1~2章，重点品味做过记号的片段、语句，以及惟妙惟肖的人物描写和意蕴丰富的环境描写，对第一遍阅读时的遗漏进行及时补充。阅读后根据教师的要求，依次完成活动三、活动四。

（三）过程：

活动一：制作游戏地图

请根据阿廖沙成长的经历，制作一张游戏地图，将主人公遇见的不同人、遭遇的不同事件作为地图的"游戏项"，按照这些人、事对阿廖沙的影响赋予"前进""后退""暂停一次""连玩一次"等关卡，然后和你的小伙伴一起比赛，看谁先到达"人间"吧！（小提示：第一次挨打、小茨冈去世、认识隔壁三兄弟、母亲教我读书、与小伙伴走街串巷……这些都可作为"游戏项"记得不能弄乱了顺序哦！）

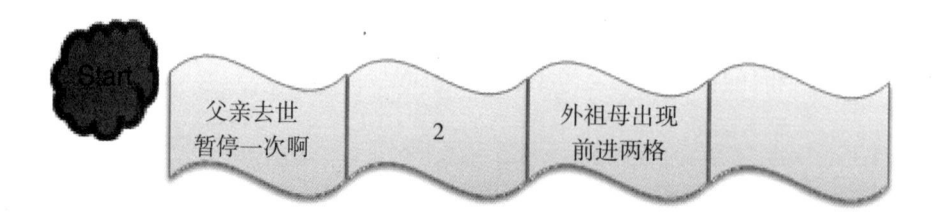

Start → 父亲去世 暂停一次啊 → 2 → 外祖母出现 前进两格 → ……

设计说明：通过低年级学生喜欢的游戏方式，激发他们参与的热情，完成对主要事件的梳理，同时促进学生对这些事件所产生的积极或消极影响的思考。

活动二：绘制人物关系图并完成分类

1. 回顾小说中出现的人物，梳理他们与阿廖沙之间的关系，绘制出你理解的人物关系图。

```
┌─────────────────────────────────┐
│                                 │
│              ╭─────╮            │
│             (  阿廖沙 )          │
│              ╰─────╯            │
│                                 │
└─────────────────────────────────┘
```

2. 在以上众多人物中，哪些人属于正面人物，哪些人属于反面人物？请尝试归类。

正面人物：_____、_____、_____、_____、_____

反面人物：_____、_____、_____、_____、_____

不确定：_____

设计说明：俄国小说的一个阅读障碍点是人物众多且名字复杂，因此在第一遍阅读时就要有意识地对出现的人物进行梳理。人物关系图是一种比较直观的方式。以阿廖沙作为中心，能够更好地明确在阿廖沙的成长中，正面/负面人物的影响大致有多少。第二步是人物分类，要求学生对书中的人物形象做出初步的判断，大部分人物的善恶是比较分明的，但对于外祖父的分类可能会存疑，所以设计了"不确定"的选项，为后面人性复杂性的探讨做一个铺垫。

活动三：课堂辩论赛（课例摘录）

课前准备：围绕"外祖父是一个好人"/"外祖父是一个坏人"这一辩题，分组寻找论据，准备课堂小辩论。

预设的论据：

"坏人"派：残暴（多次殴打外祖母、殴打阿廖沙）

自私、冷漠、贪婪、吝啬（赶走失明的格里戈里，与外祖母分家、数茶叶）

虚伪（天天祷告却做着残暴之事）

狭隘（不让我与邻居孩子玩，要求母亲嫁给钟表匠）

"好人"派：有人情味（也会给我讲故事，讲道理，教我识字。为了我的母亲再嫁还卖掉了房子给她做嫁妆）

坚韧、顽强、能干（在伏尔加河上做纤夫的日子；由一个小孩子成为了纤夫头）

辩论小结：外祖父纵然有很多的缺点，但他身上也有"善"的一面，并不能简单的用"好人"或者"坏人"来定义，这是一个复杂的人物。

说明：通过辩论的形式，一方面让学生抓住分歧点主动细读文本、挖掘依据；一方面也能让学生在唇枪舌战的过程中，积极思考、引发思维的碰撞，从而学会用思辨的方式，全面解读人物。

课堂延伸1：这样的复杂性其实普遍出现在书中其他人物身上，不仅仅外父祖如此，连大家都归在"好人"一类中的外祖母、小茨冈身上也有一些并不完美的地方，你能找到吗？

明确：小茨冈很有本领，两个舅舅都想拉拢他，外祖父也看中他；他还会唱歌，为阿廖沙挡树条子，在家里任劳任怨。可他却在赶集时偷窃成性，连疼他的外祖母反对也无济于事。

外祖母太过忍让，一味屈服于外祖父的淫威，逆来顺受，毫不反抗。不但自己挨打不还手，明知道外祖父的做法不妥（赶走格里戈里，打我，纵容两个舅舅），也不反对，认为一切罪恶都应该等上帝来审判，太被动，太懦弱了。

小结：通过思辨的方式，我们发现，无论是令人讨厌的外祖父还是大家喜欢的外祖母、小茨冈，都不是一个平面的人。进入中学阶段，我们读的书，遇到的人物不会再像小时候读童话故事，好人就是绝对的好人，坏人也一无是处，这样的人物是"脸谱化"的。事实上，现实生活中也不存在这样的人。生活中每一个人都是立体的，没有完人，更鲜有十恶不赦的恶棍，这是人性的复杂性决定的。认识到这点，对我们以后阅读书籍，包括为人处世都有重要的意义。

说明：在认识到外祖父形象的复杂性以后，预想学生的思维应该能够被打开，在此之前阅读中的一些疑惑也能在这一环节得到释放、解决。

课堂延伸2：在刚才探讨的这三个人身上，我们都看到了人性善的一面，但是为什么会还有恶呢？古人云"人之初，性本善"，外祖母这样一个带着光环的人物，为什么对外祖父会一味姑息，纵容其行恶，如此懦弱？小茨冈这样一个人人夸赞的形象居然有偷窃的恶习？而外祖父明明也有温情善良的一面，又为什么更多的表现出人性之"恶"？"恶"究竟从何而来？大家曾经思考过这个问题吗？

预设：与当时的社会环境、宗教信念、普遍的观念均有关系。

出示社会背景——高尔基生活的时代，正是沙皇俄国统治走向衰败的时代，当时的俄国社会黑暗，政治极端腐败，平民百姓处于贵族长期的残酷压迫中，人性已经扭曲、病态。身上根深蒂固的那种愚昧落后、自私野蛮、目光短浅、因循守旧、人性泯灭等暴露得更加明显。他们对统治阶级逆来顺受，内部却互相欺凌，罔顾人伦，成了作品中那些"铅一样沉重的丑事"。

明确：外祖父并非生来就是冷血无情之人，他的个性与他的成长经历、生活环境都有直接的联系。（第二章，第五章）

而外祖母的懦弱，也必定受到当时社会某些愚昧落后的观念的影响。如"他是我丈夫，上帝叫他管我，我命定该忍受……"（第四章）"不要管大人的事！大人都学坏了""人犯了什么过失，这不是你的事，这让上帝来审判、惩罚，这要他来管，不是我们"（第七章）。事实上我们仔细回想一下，这本书中几乎所有的女性形象——外祖母、母亲，两个舅母身上都有这种共性，地位低下，遭遇不公待遇，但忍气吞声不敢反抗。

小茨冈的偷窃则被大多数人视为理所当然（外祖父虚伪的默许，两个舅舅的赞赏分享，他自己也觉得这不过是"解闷儿"）。

小结：大家都是知道小说的三要素是人物、情节和环境。人物形象是通过具体情节展现的，而分析人物形象、行为动机往往都能发现环境在背后所起的作用。因此，我们读小说，分析人物，不能脱离环境这一因素，每个个体的命运背后都有时代的烙印，这往往也是作者要借由作品传递的。

说明：人物形象的复杂性和社会环境的影响力，是解读小说必然要涉及的两个要素，通过课堂上层层深入的剖析，让学生自己生成这样的认识，形成阅读小说、理解人物的一般方法，以达到在日后阅读同类文本时能够在方法上做到主动迁移，是这节课最主要的目的。（社会原因可能在第一部分的辩论环节就已经生成，必须当场肯定学生的观点，但先按下不表，留到延伸部分再深入挖掘。）

活动四：我为高尔基代言

用3~4个关键词评价阿廖沙，结合活动三了解到的社会环境，尝试分析高尔基创作《童年》的目的，完成一篇探究报告。

基本思路：

1. 阿廖沙的形象
2. 他未被"同化"的原因
3. 作者借阿廖沙想要传递的创作目的

抓手1：尽管阿廖沙经历了很多苦难，但他身边仍有很多人给他正确的引导，给他温暖的爱的呵护，比如外祖母，小茨冈，"好事情"等人。

援引原文：别样的生活我还没经验过，但是模模糊糊记得，父亲和母亲不是这样生活的：他们说话也两样，娱乐也两样，他们不论走路或者坐着总是肩并肩，紧紧偎靠着。晚上，他们常常在一起笑得很久，坐在窗户旁大声地唱歌；街上的人们都围拢来看他们。

明确：父母和谐美好的相处模式为阿廖沙展示了一个健康家庭应有的样子。

援引原文："她没到来之前，我仿佛是躲在黑暗里睡觉，但她一出现，就把我叫醒了，把我领到光明的地方。用一根不断的线，把我周围的一切连接起来，织成五光十色的花边，她马上成为我终身的朋友，成为最知心的人，成为我最了解、最珍贵的人,——是她那对世界无私的爱丰富了我,使我充满了坚强的力量以应付困苦的生活的。"

明确:外祖母是阿廖沙成长路上最重要的人,她照亮了阿廖沙敏感而孤独的心,使阿廖沙在冷酷无情的世态中看到了人性的光芒。

小结:还有为阿廖沙挡住鞭打的善良的小茨冈;告诫阿廖沙"要尊重女人,也就是尊重母亲"的正直的格里戈里;教导阿廖沙要用心观察生活、发现生活,要牢记"应当立场坚定和坚强"的"好事情";在阿廖沙要被开除时,站出来亲切教导他、关怀他的赫里桑夫主教……身边人的关爱是阿廖沙健康成长的关键因素之一,爱的力量超越了恶。

抓手2:援引原文:"小时候,我想象自己是一个蜂窝,各式各样普通的粗人,全像蜜蜂似的把蜜——生活的知识和思想,送进蜂窝里,他们将自己所能做到的慷慨大量地丰富我的心灵。这种蜂蜜常常是肮脏而味苦的,但只要是知识,就是蜜。"

明确:阿廖沙面对生活的苦难,把他们当作丰富自己心灵的蜂蜜,勇敢地去承受;同时努力去吸取经验和教训,所以在那样艰难困苦、令人窒息的环境中,阿廖沙没有被压垮或同化,反而愈挫愈勇,正向成长。

主观向善是阿廖沙健康成长的又一个关键因素。

抓手3:援引原文:"回忆起野蛮的俄罗斯生活中这些铅样沉重的丑事,我时时问自己:值得讲这些吗?每一次我都重新怀着信心回答自己:值得!因为这是一种富有生命力的丑恶的事实,它直到今天还没有消灭。这是一种要想从人的记忆、从灵魂、从我们一切沉重的可耻的生活中连根儿拔掉,就必须从根儿了解的事实。"

"促使我描写这些丑事的,还有一个更积极的原因。虽然这些丑事令人作呕,虽然他们窒息我们,把无数美好的灵魂压扁,<u>而俄罗斯人的灵魂仍然是那样健康、年轻、足以克服而且一定能够克服它们。</u>"

"我们的生活是令人惊奇的,这不仅因为在我们生活中这层充满种种畜生般的坏事的土壤是如此富饶和肥沃,<u>而且还因为这层土壤里仍然胜利地生长出</u>

鲜明、健康、富有创造性的东西，生长着善良——人所固有的善良、这些东西唤起我们一种难以摧毁的希望，希望光明的、人道的生活终将苏生。"

明确：在《童年》一书中，我们见证了小阿廖沙从这样一段经历中一步步成长起来，非但没有变得残忍、吝啬、低俗、势利，反而更为勇敢、坚强、善良、乐观，并积极地走向人生的下一阶段。这可能也是作者写作本书要进一步传达的精神——不灭的俄罗斯精神，永远心存希望。

说明：活动四是在完成活动三的基础上布置的进阶任务，必要的话可以布置学生事先完成对文中议论性语句的摘录，这同时也是提示学生，本文是由两种视角（儿童视角、成人视角）交替进行的（儿童视角用来观察描写生活，使"童年"丰富生动，充满童趣；成人视角则用来评点生活，使作品更富有思想性和哲理性）。因此探讨作品的创作意图，要特别关注成人视角所引发的议论抒情语句。

一个关于冒险的梦

——《鲁滨逊漂流记》阅读活动设计

上海市市光学校 蔡 琨

一、本书简介

1. 内容简介

本书主人公鲁滨逊出身于一个体面的商人家庭，渴望航海，一心想去海外见识一番。他瞒着父亲出海，第一次航行就遇到大风浪，船只沉没，他好不容易才逃出性命，但这并没有使得他那颗渴望自由的心沉寂。因此，他第二次又出海到非洲经商，赚了一笔钱。第三次出海又遭不幸，被摩尔人俘获，当了奴隶。后来他偷了主人的小船逃跑，途中被一艘葡萄牙货船救起。船到巴西后，他在那里买下一个庄园，做了庄园主。

但他不甘心于这样的发财致富，又再次出海，到非洲贩卖奴隶。船在途中遇到风暴触礁，全船唯有他一人幸存，他只身飘流到一个孤岛上。他用沉船上所能利用的一切物资作为自己在岛上生存的基础，并在小山边搭起帐篷定居下来。他用简单的工具制作桌、椅等家具，猎野味为食，饮溪里的水，度过了最初遇到的困难。

之后的几年时间里，他开始在岛上种植大麦和稻子，自制劳动工具，他捕捉并驯养野山羊，保证了自己的生活需要。即使是这样，鲁滨逊也一直没有放弃寻找离开孤岛的办法。

鲁滨逊在岛上独自生活了17年后，有一天他惊愕地发现岛边海岸上有外岛的一群野人在这里举行过人肉宴，此后他便一直保持警惕。直到第二十四年，岛上又来了一群野人，带着准备杀死、吃掉的俘虏。鲁滨逊发现后，救出了其中的一个。鲁滨逊把被救的野人取名为"星期五"。此后，"星期五"成了鲁滨逊忠实的仆人和朋友。

接着，鲁滨逊带着"星期五"救出了一个西班牙人和"星期五"的父亲。不久有条英国船在岛附近停泊，船上水手闹事，把船长等三人抛弃在岛上，鲁滨逊与"星期五"帮助船长制服了那帮水手，夺回了船只。他把那帮水手留在岛上，自己带着"星期五"和船长等离开荒岛回到英国。

此时鲁滨逊已离家35年（在岛上住了28年）。他在英国结了婚，生了三个孩子。妻子死后，鲁滨逊又一次出海经商，路经他住过的荒岛，这时留在岛上的水手和西班牙人都已安家繁衍生息。鲁滨逊又送去一些新的移民，将岛上的土地分给他们，并留给他们各种日用必需品，满意地离开了小岛。

2. 阅读价值

《鲁滨逊漂流记》这部小说是笛福受当时一个真实故事的启发而创作的。1704年9月，一名叫亚历山大·塞尔柯克的苏格兰水手与船长发生争吵，被船长遗弃在大西洋中，在荒岛上生活4年4个月之后，被伍兹·罗杰斯船长所救。笛福便以塞尔柯克的传奇故事为蓝本，把自己多年来的海上经历和体验倾注在人物身上，并充分运用自己丰富的想象力进行文学加工。

笛福曾说，鲁滨逊的故事"值得公之于众，并且一旦出版，就会为公众所接受"；18世纪欧洲杰出的思想家卢梭曾经建议，"每个成长中的青少年，尤其是男孩子都应该读读它"。距离《鲁滨逊漂流记》第一次进入公众视野，至今已近300年，不论在英国文学还是世界文学史上，鲁滨逊都是一个当之无愧的不朽形象。据说，它是除了《圣经》外，再版次数最多的一本书。一直到今天，鲁滨逊的漂流以及荒岛求生的故事魅力依旧不减。那么，这部家喻户晓耳熟能详的世界名著，究竟蕴含着怎样的魔力，能够如此吸引一代又一代的读者呢？

相信每个人的心中都有一个关于冒险的梦，特别是男孩。但不是每个人都能走出家门、勇闯天涯的。《鲁滨逊漂流记》跌宕起伏的故事情节恰好填补了人们心中这个难以实现的梦。作为英国现实主义小说的开山之作，《鲁滨逊漂流记》虽然内容大多是虚构的，但其写作语言却真实具体、亲切自然。全书以第一人称进行叙述，拉进了故事与读者之间的距离，鲁滨逊一人的心理活动撑起了整个故事的主体。同时，我们还可以从书中感悟到鲁滨逊面对困难时的进取精神和挑战自然的信心与勇气。鲁滨逊以其坚强的意志、积极的进取精神克服了现实中的一个又一个困难，激励着一代又一代的读者面对生活中一个又一个挑战。

二、阅读设计

（一）阅读目标

1. 感知鲁滨逊人物形象特点

18世纪初期，英国资本主义开始大规模发展，笛福在这样一个时代背景下成功地塑造了鲁滨逊这个崭新的人物形象。他集冒险家、商人、资产者、殖民者等身份于一身，禀承了他们的一切优点，可以说鲁滨逊就是时代的代言人。鲁滨逊在起初的三次航海经历中展现出了敢于冒险、勇于追求自由自在、无拘无束生活的形象特点；在第四次航海遭遇不幸流落荒岛后，他又展现出了顽强的毅力、决不放弃的恒心；在面对实际的生活困难时，他也表现出了令人惊叹的生存智慧。也许学生在读这本小说的时候无法将这么多的身份与鲁滨逊联系起来，他们只能将全书纯粹作为一本有趣的、刺激的小说来阅读而已，这些鲜明的人物形象特点他们也只能感知一二，那么就需要教师在每一次的阅读课中通过引导与感染，让学生渐渐自我感悟。

2. 培养良好的阅读方法及习惯

小说，特别是长篇小说，通常无法做到几日就读完，特别是在平日的学习生活中可能会断断续续地才能读完。这样的阅读很可能造成对先前已读内容一定程度的遗忘，那么此时养成良好的阅读方法及习惯就显得尤为重要。通过对《鲁滨逊漂流记》的阅读，希望学生养成自主制定阅读计划，使用思维导图等方式对小说内容进行梳理，学会做有效摘抄及阅读批注，并借由批注等内容推动对人物形象的逐步理解。部分有能力的学生还可以针对自己有感触的内容撰写读书笔记。这样不仅能推动对鲁滨逊这一人物形象的理解，还能培养学生良好的阅读习惯。

3. 学习"将人物代入社会"的小说阅读路径

在《鲁滨逊漂流记》这本小说面世前,欧洲的大部分小说都是以帝王将相的丰功伟绩和骑士美女的传奇故事等作为主要内容,鲁滨逊的横空出世就显得十分特别。那么阅读《鲁滨逊漂流记》亟需要解决的问题就是,"作者创作鲁滨逊这样一个人物的目的是什么"?这个核心问题分成几个下位问题:1.鲁滨逊有哪些经历? 2.在这些经历中他遇到了哪些困难?他如何解决?体现了他的哪些人物特质? 3.鲁滨逊与"星期五"的关系?再结合当时作者所处的时代大环境,作者的创作目的也就不言而喻了。通过对《鲁滨逊漂流记》的阅读,我们发现要想读懂小说人物,就切不能将它与作者创作时的时代背景割离开,否则对人物的理解与剖析将会是空中楼阁。

(二)阅读准备

1. 奠定阅读基础

阅读本书导读内容,网上查阅相关资料,了解作者生平及创作缘由,为阅读奠定理解基础。

2. 阅读打卡任务

阅读本书的起始阶段,教师布置一周阅读任务,指导学生进行有效摘抄及阅读批注,在随笔作业中布置相关读书笔记作业。后续由学生自主制定阅读计划,每周借由拓展课等课时进行学生阅读交流,为后续阅读活动打好基础。

(三)活动任务

第一阶段(一课时)

梳理故事主要内容情节

阅读任务1:根据本书内容,学生依次梳理鲁滨逊前三次航海经历的大致情况。(表格一)

航海次数	航海目的（原因）	航海起点	开始时间	航海终点	结束时间
第一次					
第二次					
第三次					

阅读任务2：简单梳理鲁滨逊在前三次航海时的不幸经历及收获。（表格二）

航海次数	不幸经历	成长与收获
第一次		
第二次		
第三次		

阅读活动：撰写航海经历

根据表格一与表格二，用思维导图的方式梳理鲁滨逊的前三次航海经历，并为鲁滨逊前三次航海撰写简单介绍。

要求：明确航海时间、地点等基本信息，关注其中的重要经历及鲁滨逊的收获（改变）。

第二阶段（两课时）

第一课时

阅读任务1：梳理第四次航海的主要经历

航海次数	航海目的（原因）	航海起点	开始时间	航海终点	结束时间
第四次					

阅读任务2：梳理鲁滨逊漂流至荒岛后所面临的困难及解决办法

所面临的困难	解决办法	重要程度

阅读活动：感悟主人公的成长与变化

（1）学生比较此次航海遭遇不幸与第一次航海遭遇不幸的鲁滨逊有何不同，学生可在课上互相交流自己的感受与观点。

参考句式：我认为第四次航海遭遇不幸的鲁滨逊与第一次航海遭遇不幸时的他最大的不同是……具体表现在……

（2）鲁滨逊的"荒岛生存秘籍"

学生分组交流自己阅读第四次荒岛漂流时所作的笔记与批注，分析鲁滨逊"荒岛生存秘籍"，即鲁滨逊身上哪些人物特质使得他能够在荒岛上生存长达28年之久。小组集结"荒岛生存秘籍"进行全班交流，小组推荐出最佳组员。

第二课时

在荒岛上的第24年，鲁滨逊遇到了一群野人，其中的一个野人感恩于鲁滨逊救下自己，作为鲁滨逊的仆人与朋友跟随他，鲁滨逊将其命名为"星期五"。

阅读任务：梳理鲁滨逊与"星期五"的改造与被改造

原始版"星期五"	鲁滨逊对其进行的具体改造	进化版"星期五"

阅读活动：探讨"星期五"的存在合理性

查阅资料，结合当时英国的时代背景，讨论作者创立"星期五"这个人物对于塑造鲁滨逊人物形象的作用。

第三阶段

第一课时

阅读活动一：如果我是鲁滨逊

情境创设：

1694年，鲁滨逊时隔8年后再次回到了他生活了28年的小岛上，看着岛上人们生活安定，人民和乐，他决定在这片属于自己的殖民地做一次演讲，让岛上的人们对这座岛的发展历史及他自己的传奇经历有所知晓。根据先前的阅读活动与任务，为鲁滨逊做一个演讲提纲，简要回顾他传奇的一生。

阅读活动二：演讲感受分享
假设你是岛上的居民之一，听了鲁滨逊的这场演讲，再看看岛上现有的一切物质资源、社会秩序，结合鲁滨逊演讲中提及的主要经历，说说你心目中的鲁滨逊是怎样的一个人。

阅读活动三：大家来找茬
观看电影《荒岛余生》，将其与小说《鲁滨逊漂流记》进行比较，找出情节中的相同点与不同点各一处。

（四）活动评价与总结

可以以个人与小组积分制的形式鼓励学生积极参与阅读活动任务，通过以下方式进行积分：

1. 每周阅读打卡检查；
2. 批注、摘抄完成情况品评；推荐展示优秀的读书笔记；
3. 课堂分组讨论与个人发言评价；
4. 由教师与学生共同评出"最佳阅读小组""最佳阅读个人"。

我心中的鲁迅

——《朝花夕拾》阅读活动设计

上海交大附中附属嘉定洪德中学　张留娣

一、书本简介

（一）主要内容介绍

部编本语文教材七年级上册名著阅读书目《朝花夕拾》，是初中生系统性阅读的第一部散文名著。《朝花夕拾》是鲁迅唯一一部回忆性散文集。包含《狗·猫·鼠》《阿长与〈山海经〉》《二十四孝图》《五猖会》《无常》《从百草园到三味书屋》《父亲的病》《琐记》《藤野先生》《范爱农》共计10篇。十篇散文虽是独立成篇，却有着紧密的时间联系和成长联系。

按体裁可以分为三类：杂感体、散文与杂感结合的文体、纯散文。

杂感体包括:《猫·狗·鼠》与《二十四孝图》；

散文与杂感结合的文体，包括:《五猖会》《无常》《父亲的病》《琐记》；

纯散文包括:《从百草园到三味书屋》《藤野先生》《阿长与〈山海经〉》和《范爱农》。

按主题可以分为：

怀念师长故人，如《阿长与〈山海经〉》《藤野先生》和《范爱农》；

追忆旧时生活，如《五猖会》《无常》《从百草园到三味书屋》等；

批判讽刺丑恶现象，如《狗·猫·鼠》《二十四孝图》《父亲的病》和《琐记》。

（二）经典细读：《阿长与〈山海经〉》

文学经典中时常能见到富有魅力的女性，或如曹植笔下的洛神，"翩若惊鸿，婉若游龙"；或如曹雪芹笔下的王熙凤，尖刻泼辣，八面玲珑。这些文学作品中的女性人物形象，或以其貌美摄人心魄，或以其个性耐人咀嚼。

鲁迅笔下的长妈妈这个女性形象，迥异这些经典。鲁迅曾称赞司马迁《史记》为"史家之绝唱，无韵之离骚"。《史记》的一个重要特征是不虚美，不隐恶的实录精神。或多或少，写长妈妈时，也师法太史公笔法，真的很不留情面。

她不貌美，甚至"黄胖而矮"，也没有玲珑的个性，而是"切切察察"，迷信一些神奇的"道理"。可就是这样的长妈妈，让鲁迅在《朝花夕拾》里写了又写，《从百草园到三味书屋》里她给我讲美女蛇的故事，《狗·猫·鼠》中也是她踩死了隐鼠。在这篇文章中，鲁迅先生直接拿出一整篇幅来写，她成了名副其实的主角。

那么，鲁迅为什么要写这篇文章？

我们不妨一起去看一看。

（1）标题里的"阿长"和《山海经》

打开书本，我们就看到了标题"阿长与《山海经》"，为什么将"阿长"与《山海经》并置？这两者又有什么关联？

文章从《山海经》开始，才算是转入了正题。关于这本书，我们知道它是先秦时期重要的地理、历史和神话典籍，熟知的女娲补天、精卫填海、夸父逐日和后羿射日这些富有想象力的故事都出自这本书，在地理学和民俗学等多方面都具有重要的史料价值。以雅俗论，可算得上是雅。阿长呢？她只是一个有着很多缺点的普通人，是为俗。将两者放在一起，会有雅俗的对比，产生一种幽默的反差。

假如这里将"阿长"换成"长妈妈"，标题变成《长妈妈与〈山海经〉》，又有什么效果呢？这样，标题本身的情感就会变得深厚直接，富有追忆怀念的意味。但是鲁迅没有这样做。他可能是不愿意这样直接就把情感一股脑地在标题那儿就抛给大家的，他还要好好地讲一下这位"阿长"带来的许多烦恼。

（2）"阿长"名字的由来

阿长名字的由来，鲁迅用了整整两段文字来交待：

> 长妈妈，已经说过，是一个一向带领着我的女工，说得阔气一点，就是我的保姆。我的母亲和许多别的人都这样称呼她，似乎略带些客气的意思。只有祖母叫她阿长。我平时叫她"阿妈"，连"长"字也不带；但到憎恶她的时候，——例如知道了谋死我那隐鼠的却是她的时候，就叫她阿长。

> 我们那里没有姓长的；她生得黄胖而矮，"长"也不是形容词。又不是她的名字，记得她自己说过，她的名字是叫作什么姑娘的。什么姑娘，我现在已经忘却了，总之不是长姑娘；也终于不知道她姓什么。记得她也曾告诉过我这个名称的来历：先前的先前，我家有一个女工，身材生得很高大，这就是真阿长。后来她回去了，我那什么姑娘才来补她的缺，然而大家因为叫惯了，没有再改口，于是她从此也就成为长妈妈了。

从孩子的视角，所以会有稚嫩天真的口吻："说的阔气一点，就是我的保姆"，仿佛看到一个小孩站在那儿神色颇为志得意满。"黄胖而矮"是简单的外貌描写，这四个字抓住了这个人物最突出的外貌特点，算得上是有点儿丑的。既然她不姓长，且长得也不长，为何有了"阿长"这个称呼——原来是之前女工留下来的名字。原本名字是十分重要的，而现在，她被随随便便地就按上一个名字，足见她的身份地位是比较低下的，无足轻重。

鲁迅的文章中，这种随便给人按上一个名字的现象出现过很多次。《阿Q正传》中的阿Q，有名无姓：

> 阿Quei，阿桂还是阿贵呢？倘使他号月亭，或者在八月间做过生日，那一定是阿桂了；而他既没有号——也许有号，只是没有人知道他，——又未尝散过生日征文的帖子：写作阿桂，是武断的。又倘使他有一位老兄或令弟叫阿富，那一定是阿贵了；而他又只是一个人：写作阿贵，也没有佐证的。其余音Quei的偏僻字样，更加凑不上了……然而也再没有别的方法了。生怕注音字母还未通行，只好用了"洋字"，照英国流行的拼法写他为阿Quei，略作阿Q。

还有《孔乙己》中的孔乙己，有姓无名：

> 因为他姓孔，别人便从描红纸上的"上大人孔乙己"这半懂不懂的话里，

替他取下一个绰号，叫作孔乙己。

用一些笔墨来交待他们这些名字的来源，在冷峻幽默的调侃背后，又有对以阿长、阿Q和孔乙己所代表的身份卑微、命运不幸的普通人的同情怜悯。

（3）抑："我"对阿长语带调侃的敬意

长妈妈的形象，从第三段开始，因为几件小事的记叙，慢慢地展现在我们的面前，如果要说这篇文章是欲扬先抑的手法来写长妈妈，那么前半部分的"抑"中是有"扬"的：

虽然背地里说人长短不是好事情，但倘使要我说句真心话，我可只得说：我实在不大佩服她。最讨厌的是常喜欢切切察察，向人们低声絮说些什么事。还竖起第二个手指，在空中上下摇动，或者点着对手或自己的鼻尖。我的家里一有些小风波，不知怎的我总疑心和这"切切察察"有些关系。又不许我走动，拔一株草，翻一块石头，就说我顽皮，要告诉我的母亲去了。一到夏天，睡觉时她又伸开两脚两手，在床中间摆成一个"大"字，挤得我没有余地翻身，久睡在一角的席子上，又已经烤得那么热。推她呢，不动；叫她呢，也不闻。

这两处动作描写真让人绝倒。"切切察察"、"竖起第二个小手指，在空中上下摇动，或者点着对手或自己的鼻尖"，还有她睡觉时"摆成一个'大'字"。这两处像是人物速写画一样，把长妈妈那种絮絮叨叨，爱在私底下议论是非，粗野无礼的形象生动地描绘了出来，可你在读的时候，又会觉得这个女人好像并不那么让人讨厌，在粗野背后还有一点儿可爱。

接着写她教我许多规矩道理，其中详细写了正月初一说吉祥话、吃福橘一事。"极其郑重地说""立刻伸出手臂，一把将我按住""惶急地看着我"等动作神态描写，可见她对这类所谓的"规矩"深信不疑。她是愚昧迷信的，但是这些又隐约地让我们看到了一个颠顸而真挚的长妈妈。于小鲁迅来说，简直是"不耐烦""磨难""繁琐之至""麻烦"，但真实的情感完全如文字所呈现出来的那样吗？阅读的时候，不免又觉得这些不满情感的背后，还有脉脉的温情。

后面继续讲了一件十分有趣的关于长毛的故事，让"我有一时也对她发生过空前的敬意"，并认为她有"伟大的神力"，因为她可以"脱下裤子……站在城墙上，外面的大炮放不出来；再要放，就炸了！"这里的"敬意"和"神力"用词都极大，大词小用，是以小孩子天真的口吻，夸张的语气来写，觉得不可思议，颇为神奇，语带调侃。这和后文再次出现的"神力"和"敬意"表达了不同的情感。

这一部分，用小鲁迅的视角来讲述了几件关于长妈妈的事件，她的"切切察察"、她的那一"大"字，她的福橘，她的神力……粗野背后有颠顶可爱，愚昧背后有执拗真挚，小鲁迅觉得她让自己不胜其烦，但分明又有一个成年鲁迅的视角，对长妈妈有着意在言外的柔和与深情。

（4）扬："我"对阿长产生真的敬意

从19段，"但当我哀悼隐鼠，给它复仇的时候，一面又在渴慕着绘图的《山海经》了"这一过渡句，进入到后半部分长妈妈给我买《山海经》的描写。

鲁迅先用很长的篇幅写自己如何地"渴慕"，可叔祖"疏懒"，别人"谁也不肯真实地回答我"（这里让我们不自觉地想起《从百草园到三味书屋》里的寿镜吾老先生，他也是不愿意回答我的问题），这不是陷于绝境，根本无从获得《山海经》了吗？但此时却"连阿长也来问《山海经》是怎么一回事。"这一句，既说明我对《山海经》的渴慕之深，连阿长都发现了，也为下文阿长出乎意料地为我买回《山海经》埋下了伏笔。

于是就是文章最为精彩的部分了：

过了十多天，或者一个月吧，我还很记得，是她告假回家以后的四五天，她穿着新的蓝布衫回来了，一见面，就将一包书递给我，高兴地说道：

因深受感动，所以长妈妈的衣着"蓝布衫"多年之后"我"还"很"记得。"一……就……"、"高兴地"说明长妈妈按捺不住的激动，只因为《山海经》能为我带来喜悦。

"哥儿，有画儿的'三哼经'，我给你买来了！"

因为不识字，所以长妈妈不知道何为《山海经》，但是这是哥儿要的，那么就要给他找来。这是质朴天然的爱，没有过多夸饰，看到你心心念念，就想方设法给你买来，让你开心。

始终难以获得的书终于得到了，别人不愿意或者做不到的事情，长妈妈竟然做到了。我的反应是"似乎遇着一个霹雳，全体都震悚起来"，肯定"使我发生新的敬意"，觉得"她确有伟大的神力"，这里的"敬意"和"神力"绝不同于前文讲述长毛故事时的情感，那时是幽默调侃，现在则是真的对长妈妈心生敬意爱意了。同样的词语，在不同的情境中，所表达的情感可能相距甚远。

我们发现，后文紧接着又有两段内容，冷静客观地写了《山海经》的书中图像和此后搜集其他绘图的书：

> 书的模样，到现在还在眼前。可是从还在眼前的模样来说，却是一部刻印都十分粗拙的本子。纸张很黄；图像也很坏，甚至于几乎全用直线凑合，连动物的眼睛也都是长方形的。但那是我最为心爱的宝书，看起来，确是人面的兽；九头的蛇；一脚的牛；袋子似的帝江；没有头而"以乳为目，以脐为口"，还要"执干戚而舞"的刑天。
>
> 此后我就更其搜集绘图的书，于是有了石印的《尔雅音图》和《毛诗品物图考》，又有了《点石斋丛画》和《诗画舫》。《山海经》也另买了一部石印的，每卷都有图赞，绿色的画，字是红的，比那木刻的精致得多了。这一部直到前年还在，是缩印的郝懿行疏。木刻的却已经记不清是什么时候失掉了。

冷静客观的背后，不难看出《山海经》这本书带给他的影响，也许正是这样富有野性思维和奇异想象的书，成为他后来创作风格的重要底色。这不正是长妈妈给自己带来的吗？行文至此，情感也在不断地加深。

最后两段：

> 我的保姆，长妈妈即阿长，辞了这人世，大概也有了三十年了吧。我终于不知道她的姓名，她的经历，仅知道有一个过继的儿子，她大约是青年守寡的孤孀。

看到"我的保姆，长妈妈即阿长"，鲁迅用了两个短语来交代长妈妈的身份，和篇首形成呼应，此时的语气完全不同之前，只读出对她的无限怀念之情。遗憾的是"我终于不知道她的姓名"，至于她的经历，也所知甚少。读到此处，我总不免一阵唏嘘，生命中觉得很是重要的人，却终于连姓名也无法知晓。无可奈何，遍寻无着，直让人感怆低回。

> 仁厚黑暗的地母呵，愿在你怀里永安她的魂灵！

鲁迅对长妈妈的情感，由前面的平静克制转化为呼告的直接抒情：他向地母发出呼唤，希望这个淳朴慈爱的长妈妈在死后能有一个好的归宿。

鲁迅多年后，在"纷扰""芜杂"的情况下写下回忆长妈妈的文章，前文的"抑"中，看似有不满嫌弃，实则这背后始终有一个目光柔和的鲁迅。这个"黄胖而矮"却又质朴可爱、迷信愚昧却又善良真挚的阿长，虽不完美，却平凡动人，给"我"的童年带来温情，鲁迅也许是想以此来对抗现实世界的冷漠荒凉罢。

（三）书本评价、版本介绍

　　《朝花夕拾》于 1926 年结集，一共 10 篇，其中前 5 篇在北京完成，后 5 篇在厦门完成，鲁迅最初以《旧事重提》为总题目，陆续将 10 篇散文发表在《莽原》半月刊上。1927 年，鲁迅在广州为散文添写《小引》和《后记》，改名《朝花夕拾》，并于 1928 年在北京出版。前 7 篇主要写鲁迅的童年生活，叙述绍兴家庭和私塾生活情景，后 3 篇则叙述南京求学、日本留学及归国教书的经历。全书以鲁迅的青少年生活为主线。生动真实叙述了作者自农村到城镇、从家庭到社会、由国内到国外的经历，以夹叙夹议的方式抒发对往日亲友及师长的怀念之情。

（四）阅读的价值意义

　　《朝花夕拾》虽然是回忆性散文集，但其中蕴含深邃的思想和作者对历史的深刻思考。10 篇散文勾勒出清末至辛亥革命时期的社会风貌，向世人呈现一幅世态风俗画卷，读者从中能够了解鲁迅对现实的态度。散文集中的《二十四孝图》揭露了虚伪的封建礼教，《五猖会》鞭挞了封建教育对儿童天性的无情压制，《藤野先生》则揭露了部分清朝留学生不学无术的丑态。在《阿长与〈山海经〉》中，鲁迅表达了对亲友的深切怀念之情。在《无常》中，鲁迅描写了江南民俗和水乡自然风光，具有浓郁的生活气息，同时讽刺了生活中那些虚伪的人。在鲁迅初步接受教育、外出求学、留学的三个阶段，他对旧中国的教育制度和教育事业发展产生了感性认识。全书具有一定的自传性质，在对往事深情回忆的同时，鲁迅将记叙、描写、抒情和议论有机结合起来，向读者展示了自己真实、丰富的内心世界。

二、阅读目标

（1）建构：学生描摹眼中的鲁迅；
（2）打破：学生消弭隔膜，走进鲁迅；
（3）重构：学生理解鲁迅的精神世界。

三、阅读设计

1. 目标

（1）建构：学生描摹眼中的鲁迅；
（2）打破：学生消弭隔膜，走进鲁迅；
（3）重构：学生理解鲁迅的精神世界。

2. 准备

（1）师生共读细读《朝花夕拾》。摘抄感触较深的片段，并在书上做批注；

（2）学生每篇摘抄至少两处或优美或富含哲理的句子，并概括每篇散文的主要内容（100字左右），同时联系生活或自己的实际情况写出阅读感受（100字左右）。老师则一方面设置最基本的字数要求，另一方面鼓励能力较强的学生自由发挥空间，比如用思维导图或图文并茂的形式来梳理内容等。对优秀的作业可适时展出以起到激励作用。

3. 过程

活动一：走下神坛的鲁迅　难度★★

夏衍说："鲁迅幽默得要命。"

陈丹青说："鲁迅先生是百年来中国第一好玩的人。"

从《朝花夕拾》里找到鲁迅"好玩"的蛛丝马迹。再追忆你的童年有没有这样的"好玩"故事。

篇　名	"好玩"的鲁迅	"好玩"的你

活动二：爱憎分明的鲁迅　难度★★★

敢爱敢恨是真性情。生命中出现的这些人，鲁迅想和谁做朋友，不想和谁为伍呢？把人名写到笑脸/哭脸图上。

过客：长妈妈、寿镜吾、无常、藤野先生、范爱农、陈莲河、衍太太、封建复古派、老莱子（郭巨）、看客。

活动三：《朝花夕拾》封面设计　难度★★★★

书籍能够通过空间和时间保存书面文字。然而，通常是他们的封面允许所述书籍留在我们的脑海中。一个摄人心魄的封面必然是深度剖析书稿后诞生的。

上海文学出版社打算再版《朝花夕拾》，美编部在选择哪一张鲁迅肖像照作为封面发生了争执。如果你是美编部主任，你最终会选定下面的哪一张？说说你的判断理由。

（图一）　　　　　　　（图二）

四、设计说明

陈丹青说:"他是百年来中国第一好玩的人。"作家王蒙说:"中国文坛因为有了一个鲁迅,变得很伟大!"

莫言说:"倘若我能写出《阿Q正传》,我宁愿我所有的作品都不要了。"

大江健三郎说:"在我有生之年,我希望向鲁迅先生靠近,哪怕只能靠近一点点"。

罗曼罗兰说:"读到他作品的那一刻,我忍不住潸然泪下。"此后一生,罗曼罗兰致力于鲁迅作品在法国的推广。

年轻人则在民国热播剧《觉醒年代》中,掀起一次又一次瞻仰大先生的热潮。人们爱他"毒舌"也爱他热诚、温厚的慈悲。鲁迅到底是一个怎样的人?没有一个人可以给他一个最全面的评价,正如我们无法给自己一个中肯的评价。初中生对于鲁迅的了解,不求全面,但望诚恳。走下神坛的鲁迅,没有了距离和生疏。

所以,这本书的活动设计理念主要是:我眼中的鲁迅——文中的鲁迅——我心中的鲁迅。这里是建构—打破—重构的阅读体验。

西行取经　降妖除魔

——《西游记》阅读活动设计

上海市控江初级中学　叶旭蔚

一、作品简介

《西游记》是中国古代第一部浪漫主义章回体长篇神魔小说、中国古典四大名著之一。全书主要描写了孙悟空出世及大闹天宫后，遇见了唐僧、猪八戒、沙僧和白龙马，西行取经，一路上历经艰险，降妖除魔，经历了九九八十一难，终于到达西天见到如来佛祖，最终五圣成真的故事。该小说以"玄奘取经"这一历史事件为蓝本，经作者的艺术加工，更能深刻地描绘出明代百姓的社会生活状况。

《西游记》全书分为四大部分：第一部分从第一回到第七回是全书的引子部分，叙述孙悟空出生、求仙得道、大闹"三界"。《西游记》一边安排孙悟空出场，交代清楚其出身、师承、能耐、性情；一边通过孙悟空在天、地、冥、水四境界穿越，描绘四境界风貌，建立一个三维四境界立体思维活动空间；第二部分从第八回至第十二回，描写如来说法、观音访僧、魏征斩龙、唐僧出世的故事，交代取经缘起；第三部分十三至九十九回写孙悟空、猪八戒、沙悟净、小白龙保护唐僧西天取经，沿途降妖伏魔，历经九九八十一难，到达西天，取得真经；第四部分第一百回为全书的结尾，描写师徒四人取经回到东土，都得道成为真佛。

作者吴承恩（1501年—1582年），字汝忠，号射阳山人，淮安府山阳县人（今江苏省淮安市淮安区），汉族，明代小说家。吴承恩大约40岁才补得一个岁贡生，到北京等待分配官职，没有被选上。由于母老家贫，遂做了长兴县丞，终因受人诬告，两年后"拂袖而归"。晚年以卖文为生，在81岁左右时去世。吴承恩自幼喜欢读野言稗史，熟悉古代神话和民间传说。官场的失意，生活的困顿，使他加深了对封建科举制度、黑暗社会的认识，促使他运用志怪小说的形式来表达内心的不满和愤懑。他自言："虽然吾书名为志怪，盖不专明鬼，实记人间变异，亦微有鉴戒寓焉。"

二、主要人物介绍

孙悟空

孙悟空又名孙行者，被花果山众妖尊为美猴王，自封为"齐天大圣"。

花果山顶有一块仙石，因长期吸收日月精华，一日从中蹦出一只石猴。他发现了花果山上的水帘洞，被众猴尊奉为王，遂称"美猴王"。他被菩提祖师收为弟子，习得了高强本领，还闯到东海龙宫，强夺了"如意金箍棒"作为自己的兵器。之后他自封为"齐天大圣"，大闹天宫，将十万天兵天将打得落花流水。玉帝请来西天如来佛祖解救，如来施法将悟空压在了五行山下。

五百年后，观音菩萨将悟空度入佛门，让去西天如来处取佛法真经的大唐高僧唐三藏将他救出。悟空从此成了唐僧的大徒弟。一路上，他和师弟猪八戒、沙和尚护佑师父跋山涉水，降伏了白骨精、蜘蛛精、牛魔王等形形色色的妖魔鬼怪，战胜了九九八十一难，终于成功取到了真经，修成了正果。他本人被如来封为"斗战胜佛"。

唐僧

唐僧，小名江流儿，法号玄奘，号三藏。为如来佛祖第二弟子金蝉子投胎。唐僧勤敏好学，悟性极高，在寺庙僧人中脱颖而出。最终被唐太宗选定，与其结拜并前往西天取经。

在取经的路上，唐僧先后收服了三个徒弟：孙悟空、猪八戒、沙僧，并取名为：悟空（菩提祖师所取，唐僧赐别号行者）、悟能、悟净，之后在三个徒弟和白龙马的辅佐下，历尽千辛万苦，终于从西天雷音寺取回三十五部真经。

功德圆满，加升大职正果，被赐封为旃檀功德佛。

唐僧慈悲心肠，一心向佛，为人诚实善良，也有怯懦的一面。

猪八戒

又名猪刚鬣、猪悟能。原为天宫中的"天蓬元帅"，掌管天河水军。因在王母瑶池蟠桃宴上醉酒，闯入广寒宫调戏仙子，被纠察灵官奏明玉皇，惹怒玉帝，被罚下人间。但错投了猪胎，成了一只野猪，修炼成精，长成了猪脸人身的模样，拥有投胎前的记忆和玉帝赏赐的兵器。在高老庄抢占高家小姐高翠兰，被孙悟空降伏，跟随唐僧西天取经。最终得成正果，封号为"净坛使者"。为人好吃懒做，憨厚，胆小，且贪图小便宜、好色，但他又是富有喜剧色彩的，而且有时也立有功劳。

沙僧

又名沙悟净。原为天宫中的卷帘大将，因在蟠桃会上打碎了琉璃盏，惹怒玉皇大帝，被贬入人间，在流沙河畔当妖怪，受万箭穿心之苦。后被唐僧师徒收服，一路主要负责牵马挑担。得成正果后，被封为"金身罗汉"。为人忠厚老实、任劳任怨。沙僧的兵器是降妖宝杖，全名降妖真宝杖，也称"梭罗宝杖"，重五千零四十八斤。出自月宫梭罗仙木，由鲁班打造琢磨而成。沙僧官拜卷帘大将军时由玉帝赐给，随身携带，大小如意，善能降妖。

三、学习目标

1. 了解作者生平及相关的文学知识。

2. 复述经典故事情节，分析孙悟空、猪八戒、唐僧等主要人物形象。

3. 深入了解《西游记》的丰富内涵，感受祖国传统文化的博大精深，激发热爱祖国悠久灿烂历史文化的情感，培养学生的文学名著阅读兴趣。

4. 了解《西游记》的艺术特色及其思想，培养学生为实现目标而坚忍、执著的奋斗精神。

5. 能较熟练地运用略读和浏览的方法，扩大阅读范围，同时学会精读与跳读。

6. 学会制订自己的阅读计划，广泛阅读各种类型的读物。

四、阅读方法

1. 整体感知——明内容。我们可以根据思维导图来了解主要内容。
2. 了解"回目"——知情节。可以根据插图猜是哪些主要情节。
3. 品人物形象——绘美图。最精彩的内容莫过于对人物的刻画，同学们可以利用时间充分发挥主观能动性，制作人物卡片或者手抄报。
4. 读整本书——写感受。对喜欢的人物发表评论，或者对其中有趣的情节说说你的阅读感受，进行写作。
5. 读这本书建议采用摘录批注法。就是在阅读过程中根据自己的需要将有关的词、句、段乃至全篇原文摘抄下来，或对阅读的重点、难点部分划记号，做注释，写评语，做到读与思共，思与读随。

五、活动设计

（一）阅读活动：精细指导，活动引领

根据阅读内容设计阅读任务。阅读任务要有趣味性和实践性，以任务驱动学生的思考走向深入。将学生分为不同的小组，每组任务如下：

取经组

1. 读完前七回，写孙悟空的小传。
2. 人们印象中的猪八戒又懒又笨，你怎么看？理由是什么？
3. 唐僧师徒五人（含白龙马）在取经之前的身世经历有什么共同点？作者为什么这样安排？谈谈你的看法。
4. 如果让你给唐僧师徒五人取经的坚定程度由高到低排序，你会怎样排？说说你的理由。
5. 以读原著的印象绘制孙悟空、沙和尚、猪八戒的画像，说说画像的依据。

神仙组

小说中哪些神仙出场了？他们有哪些本领？使用什么武器？尝试制作神仙武力排行榜。

环境组

1. 研究花果山、菩提师祖的住处、天宫等的环境描写，它们各有什么特色？

2. 如果让你给小组课本剧做背景设计，你会怎么做？

学生带着任务阅读，增强了阅读的针对性和实效性。在完成阅读任务的过程中，学生重构故事内容，学会多角度分析人物、了解环境描写的作用、由作品细节思考主旨。在阅读任务的调控下，学生主动进入文本，积极思考，融入情感，培养探究意识和综合分析能力。

（二）读后指导：交流成果，转化能力

"读后指导"的立足点在于展示、交流、分享和能力的转化。学生将自己的阅读体验、感悟、发现、成果，以丰富、多样、生动的形式在课上展示出来，师生、生生相互交流，实现阅读成果的转化和阅读能力形成。具体可设置以下活动：

活动一：交流阅读发现

学生可展示取经路线图、人物关系思维导图，也可以按照"读《西游记》，我发现……"的格式发言，谈阅读体验和感受。

活动二：取经故事会

唐僧师徒在西天取经的路上经历了重重磨难，构成了一系列惊险、曲折而又有趣的故事。选择你最喜欢的一个讲给大家听。要求：

1. 讲故事的时候不要看书，可以看自己准备的提纲。
2. 注意讲出故事曲折的情节，以及某些生动的细节，吸引听众的注意力。

活动三：探究人物形象

1. 课本剧。小组合作，选择喜欢的片段，分角色表演。

2. 辩论会。唐僧认为"劝善"就是"惩恶"，而且是最大程度的"惩恶"，你认同他的观点吗？正方：认同；反方：不认同。

3. 写颁奖词。给你喜欢的人物写颁奖词。教师指导学生了解什么是颁奖词、颁奖词的特点及写法，并模仿写作。

活动四：制作请柬和书签

1. 制作请柬。假如你是西行路上某国的居民，写一封信给住在东土大唐的亲友，邀请其前来小住。

提示：

（1）绘制一份路线图，告诉他们旅途的注意事项。

（2）制作一份请柬。

2. 制作书签。为《西游记》写一段推荐语，或画出《西游记》中的人物，并写下关键词或提示语。

不可抗拒的命运

——《骆驼祥子》阅读活动设计

上海市十五中学　朱文佳

一、本书简介

  本书由老舍创作，是中国现代文学史上一部重要的长篇小说，共二十四章。

  老舍（1899年2月3日—1966年8月24日），男，原名舒庆春，字舍予，另有笔名絜青、鸿来、非我等。因为生于阴历立春，父母为他取名"庆春"，大概含有庆贺春来、前景美好之意。上学后，自己更名为舒舍予，含有"舍弃自我"，亦即"忘我"的意思。北京，满族正红旗人。中国现代小说家、作家，语言大师、人民艺术家，新中国第一位获得"人民艺术家"称号的作家。代表作有《骆驼祥子》《四世同堂》，剧本《茶馆》。

  《骆驼祥子》是以北平（今北京）一个人力车夫祥子的行踪为线索，以20世纪20年代末期的北京市民生活为背景，以人力车夫祥子的坎坷悲惨生活遭遇为主要情节，深刻地揭露了旧中国把"人"变成"鬼"的黑暗，控诉了统治阶级对劳动人民的残酷盘剥和压榨，表达了作者对劳动人民的深切同情，向人们展示军阀混战、黑暗统治下的北京底层贫苦市民生活于痛苦深渊中的图景。

  《骆驼祥子》讲述的是中国北平城里的一个年轻好强、充满生命活力的人力车夫祥子"三起三落"的人生经历。

  祥子来自农村，是个破产的青年农民，勤劳、纯朴、善良，保留着农村哺育他、教养他的一切，却再也不愿意回农村去了。从农村来到城市的祥子，渴望以自己的诚实劳动买一辆属于自己的洋车。

做个独立的劳动者是祥子的志愿、希望，甚至是宗教。凭着勤劳和坚忍，他用三年的时间省吃俭用，终于实现了理想，成为自食其力的上等车夫。但刚拉半年，车就在兵荒马乱中被逃兵掳走，祥子失去了洋车，只牵回三匹骆驼。祥子没有灰心，他依然倔强地从头开始，更加克己地拉车攒钱。可是，还没有等他再买上车，所有的积蓄又被侦探敲诈、洗劫一空，买车的梦想再次成泡影。当祥子又一次拉上自己的车，是以与虎妞成就畸形的婚姻为代价的。

好景不长，因虎妞死于难产，他不得不卖掉人力车去料理丧事。至此，他的人生理想彻底破灭了。再加上他心爱的女人小福子的自杀，吹熄了心中最后一朵希望的火花。连遭生活的打击，祥子开始丧失了对于生活的任何企求和信心，再也无法鼓起生活的勇气，不再像从前一样以拉车为自豪，他厌恶拉车，厌恶劳作。被生活捉弄的祥子开始游戏生活，吃喝嫖赌。为了喝酒，祥子到处骗钱，堕落为"城市垃圾"。

最后，靠给人干红白喜事做杂工维持生计。祥子由一个"体面的、要强的、发梦的、利己的、个人的、健壮的、伟大的"底层劳动者沦为一个"堕落的、自私的、不幸的、社会病胎里的产儿，个人主义的末路鬼"。

小说通过描写正直好强的青年车夫祥子由希望、受挫、挣扎到绝望，最终堕落成城市垃圾的悲惨遭遇，揭露了黑暗的旧社会对劳动人民的压迫和剥削，表达了对劳动者的深切同情，批判了自私狭隘的个人主义。

二、阅读目标

1. 圈点批注《骆驼祥子》的内容、写作手法、语言特色等。
2. 梳理祥子命运的变化过程，分析原因，从而了解当时社会环境的特点。
3. 关注除祥子外的其他人物命运变化，分析原因，推断当时社会环境的特点。
4. 提炼作者写作目的。

三、阅读任务

（一）个人任务

1. 边读边圈画批注。

及时圈画批注既可以帮助我们更专注地阅读，也便于我们再次阅读时复习巩固，获得新感悟。

具体操作建议如下：

（1）用自己的符号系统圈画出阅读时遇到的重点、疑点、难点和引发感触的点；

（2）及时批注下自己的感受，不要错过一时的心动。有话则长，无话则短；

（3）批注引发自己对生活或其他书籍、电影、音乐甚至动漫等联想和思考的内容；

（4）可以发表自己的鉴赏评价；

（5）可以点出情节前后有照应的地方，做前后勾连；

（6）可以对具体的某个细节进行梳理；

（7）可以写下对某些内容的质疑，比如一些写作手法等。

以上建议仅供参考，学生完全可以根据自己的实际情况选取圈画批注的角度和形式。

2. 边读边记录，完成"祥子命运表"。

"他连哭都哭不出来！车，车，车是自己的饭碗。买，丢了；再买，卖出去；三起三落，像个鬼影，永远抓不牢，而空受那些辛苦与委屈。"

——《骆驼祥子》第二十章

句中的"三起三落"具体是指哪"三起"哪"三落"？梳理故事情节，按照"三起三落"的过程分类归纳，完成"祥子命运表"。

三起三落	对应章节	概括事件	祥子的变化	影响祥子命运的人物
一起				
一落				
二起				
二落				
三起				
三落				

3. 边读边思考：结合具体故事情节，说说你认为造成祥子悲剧一生的原因是以下哪一种或哪几种？为什么？

（1）命运。

这里的所谓命运，代表着一种人对其无能为力，反而被其支配的巨大的客观力量。命运的悲剧展现的是现实与主人公之间不可调和的冲突，表现的是个人与不可抗拒的命运之间悲壮而又徒劳的抗争。用通俗的话来说，就是"倒霉"。史铁生说，"危卧病榻，难有无神论者"。再坚强的人面对无尽的、没有来由的失败，都容易产生"习得性无助"，即将人生的失败归结到命运。

（2）社会。

不合理、不公正的社会体制、伦理规范和价值观念导致了人物的苦难，具有鲜明的社会批判精神。用通俗的话来说，就是"错的不是我，而是这个世界"。例如《白毛女》中这样写道："旧社会把人变成鬼，新社会把鬼变成人。"

（3）性格。

由人物的内在缺陷和性格弱点引发悲剧。用通俗的话来说，就是"性格决定命运""可怜之人必有可恨之处""内因起决定作用"等。

可以按照以下格式来探究引起祥子悲剧的原因。

因为_____，所以我认为引起祥子悲剧一生的原因是____（命运/社会/性格）。我从文中找到的依据有：

① 第____章中_____这一情节。

② 第____章中_____这一情节。

③ 第____章中_____这一情节。

……

4. 概括信息，制作除祥子、虎妞外，其他人物信息卡片。

_____ 信息卡

基本信息		
姓名		性别	
身份/职业		社会阶层	
性格			
主要经历		
人物结局（或与祥子产生联系的主要事件）		

（二）合作任务

1. 合作探讨"悲剧根源"。

寻找在"祥子悲剧的原因"上与你观点一致的同学，组成小组，共同阅读，分享阅读收获，互相补充从书中得到的依据，充分证明你认同的"悲剧根源"。

2. 以小组形式，给书中一个引起你同情的人物写小传。

选择一个人物，回顾他/她的一生，突出介绍最能表现他/她性格的几件事，并对这个人物进行评价或赏析。

3. 分析次要人物命运与社会环境之间的关系。

小组成员分享各自的"_____信息卡"，共同补充完善卡片信息。按照"社会上层人物"和"社会底层人物"，对祥子身边的次要人物进行分类。归纳次要人物命运的共同特点，分析造成其命运变化的原因，推断当时的社会环境。

4. 作者老舍的语言很有特点，结合作品内容，品味《骆驼祥子》中的"京味"。

5. 完成读书报告

每个小组形成读书报告，并制作课件，三周后在班会课上展示，届时将进行评奖。

四、部分成果展示

1. "祥子命运表"

三起三落	对应章节	概括事件	祥子的变化	影响祥子命运的人物
一起	1	来到北平当人力车夫，苦干了三年，凑足一百块钱，买了辆新车。	拉车更拼命了，甚至开始去抢老弱车夫的生意	雇主们
一落	2	祥子连车带人都被十来个兵捉了去		兵匪
二起	5~7	卖骆驼，拼命拉车，省吃俭用攒钱准备买新车。	高傲的祥子不得不向虎妞低头，他的尊严在慢慢被剥除	刘四爷
二落	11	干包月时，祥子辛苦攒的钱被孙侦探搜去		孙侦探
三起	15~17	虎妞以低价给祥子买了邻居二强子的车，祥子又有车了	完全堕落，成为个人主义的末路鬼	虎妞、小福子
三落	19、20	为了置办虎妞的丧事，祥子又卖掉了车。小福子死了。		小福子

2. 引起祥子悲剧的原因探讨结果

（1）祥子的悲剧源于"命运"

把祥子的悲剧归结到"不可抗拒的命运"显然是合理的。纵观祥子的"三落"，确实称得上"倒霉"。第一"落"是因为正好遇到宪兵捉人，第二"落"是被孙侦探无情勒索，第三"落"是虎妞难产，人财两空，这些都不是通过祥子的主观努力能改变的。用宿命论者的观点来看，祥子的悲剧真的是"命该如此"。

（2）祥子的悲剧源于"社会"

老舍通过对样子这个小人物一生的描绘，表达了对其悲剧命运的总结——"这个社会不让好人有出路"。

祥子虽处社会底层，但他的境况已经比很多其他"底层人"好了许多。

首先，祥子是一个年轻的男性，这就意味着他比女人、老人、孩子更有生存能力。如果在一个健康的社会，祥子这样的男青年几乎不会成为弱势群体。书中也这样写到："带着乡间小伙子的足壮与诚实，凡是以卖力气就能吃饭的事他几乎全做过了。可是，不久他就看出来，拉车是件更容易挣钱的事；做别的苦工，收入是有限的；拉车多着一些变化与机会，不知道在什么时候与地点就会遇到一些多于所希望的报酬"。

第二，祥子足够健康。书里这样描绘祥子："他的身量与筋肉都爱展到年岁前边去；二十来岁，他已经很大很高……""铁扇面似的胸，与直硬的背；扭扭头看看自己的肩，多么宽，多么威严"，这就意味着他比哪些体弱多病的人有更多生存机会。

第三，祥子得到了更多"机会"，虽然得到"富二代"虎妞的垂青并不是一件光彩的事，但是，这毕竟也是许多像祥子一样年轻、健康的小伙子得不到的。

综上所述，同为"底层人"，祥子已经获得了几乎最好的资源、平台了。即便如此，祥子的遭遇仍然如此悲惨，那么，其他的普通底层人的命运也就可想而知了。正如书中老马所说："铁打的人也逃不出咱们这个天罗地网，""干苦活儿的打算独立一个人混好，比登天还难。"

所以，祥子的悲剧来源于社会。

（3）祥子的悲剧源于"性格"

读完整本书，我们发现，祥子身上确实有很多优秀的品质，他勤劳、朴素、吃苦耐劳……但我们也不能忽略，祥子身上也有一些性格特点，最终导致了他的悲剧。

第一，他目光短浅，没有正确的追求。

祥子出身于农村，他对洋车的渴望，与农民对土地的占有欲是相同的：只是想得到，但不知为什么一定要得到。所以祥子只是渴望得到自己的洋车，但追求洋车到底是为了什么，祥子并不明白，也不会去思考。

第二，他爱财如命，贪婪自私。

祥子渴望得到洋车，但得到洋车的过程其实是对金钱的追求，于是，祥子的生活就变成了睁眼赚钱，闭眼睡觉。钻进钱眼里的短视，导致了祥子贪婪。第一次被抢车，自己"贪便宜"的因素起了重大作用。他几次三番回到人和车厂，包括最后与虎妞的结婚，都有占便宜的念头在作祟。而他最终到处借钱、骗钱、去告密赚赏钱，都和他对金钱的病态追求有关。

第三，他偏执僵化，难以沟通。

如果祥子一心想获得金钱，其实也有其他的方式，但祥子不仅不善与人沟通，而且更是自我封闭。比如高妈面授机宜，传授"理财"方法给祥子，但祥子不屑一顾，断然拒绝；再比如，婚后虎妞希望祥子换个方法赚钱，可以做做小生意，祥子他也不愿意改变，甚至不愿去尝试。纵观整本书，凡是需要动脑筋思考或与人沟通的地方，祥子都是拒绝的，他只是不管不顾地一条道走到黑，不愿做任何改变。所以，祥子确实很努力，但他只是闭塞地用体力和蛮力在生活，一味低头拉磨而从不抬头看路。

由此来看，祥子的悲剧是因为他自己的性格造成的。

（4）祥子的悲剧是命运、社会、性格三者共同作用的结果

祥子的性格确实存在缺陷，但是又有谁的性格是十全十美的呢？那么，为什么这样的悲剧发生在祥子身上，而几乎不会发生在我们身上呢？那是因为我们生活在健康的现代社会，很多性格上的缺点并不会对我们造成过多的困扰，而且也很少有人会像祥子那样命运如此坎坷。

即使社会黑暗，如果祥子的性格能好一些，那些导致悲剧的性格因素只要能少掉一个，他也不至于这么悲惨。

即使命运不公，可是如果祥子的性格好一些，他生活的社会、时代能提供一些必要的帮助，祥子也不会落得这样的下场。

所以，祥子的悲剧是三者共同作用的结果，正如我们现在所说："雪崩的时候，没有一朵雪花是无辜的"。

3. 其他人物信息卡片

小福子 信息卡

基本信息			
姓名	小福子	性别	女
身份/职业	车夫二强子的女儿	社会阶层	社会底层
性格	善良、勤俭、倔强、隐忍		
主要经历			
因家庭贫困，被父亲卖给一个军官做情人。军官调走后，小福子又回到娘家。酗酒成性的父亲因醉酒，失手将母亲打死，仍不知悔改，不顾家庭，继续醉生梦死。小福子眼见两个年幼的弟弟即将饿死，不得已卖身赚钱养家，最后被父亲卖到"白房子"里。			
人物结局（或与祥子产生联系的主要事件）			
小福子因不堪忍受窑子里非人的生活，在树林里上吊自杀。			

4. 次要人物归类

社会上层人物
雇主：杨先生、曹先生、夏先生
车行老板：刘四爷
执法者：孙侦探

社会底层人物
车夫：老马爷孙、高个子、二强子
院子里的人：小福子等
雇工：张妈、高妈、老程

除了曹先生以外，上层人物和底层人物之间有一条不可逾越的鸿沟，两个阶层的人因为身份、地位严重不平等，存在明显的"恃强凌弱"。上层人物大多对祥子尖酸刻薄，不近人情。他们自认为身份高祥子一等，从骨子里看不起祥子和其他劳动者，只有曹先生，对祥子他们这样的底层劳动者表现出善意。

5. 推断出的当时社会环境：

祥子生活的社会环境是封建制度虽已被推翻，但新的文明还未建立起来的时期。这是一个丑恶的，物欲横流的乱世。当时军阀混战、缺乏社会秩序和规则，国民性的堕落，金钱腐蚀下的人伦丧失和人性扭曲。所有人都是病态社会的受害者，而不同阶层之间又存在明显的"恃强凌弱"。

壮观的海底世界

——《海底两万里》阅读任务设计

上海市市光学校　蔡　琨

一、本书简介

1. 内容简介

《海底两万里》是法国作家儒勒·凡尔纳创作的长篇小说，是"凡尔纳三部曲"（另两部为《格兰特船长的儿女》和《神秘岛》）的第二部。全书共2卷47章。

故事是由一个骇人听闻的新闻开始的：1866年，海上发现了一只疑似为独角鲸的大怪物，阿龙纳斯教授及仆人康塞尔受邀参加追捕。在追捕过程中，他们与鱼叉手尼德·兰不幸落水，到了怪物的脊背上。他们发现这怪物并非是什么独角鲸，而是一艘构造奇妙的潜艇。潜艇是尼摩船长在大洋中的一座荒岛上秘密建造的，船身坚固，利用海水发电。尼摩船长邀请阿龙纳斯一起海底旅行。他们从太平洋出发，经过珊瑚岛、印度洋、红海、地中海、大西洋，看到海中许多罕见的动植物和奇异景象。途中还经历了搁浅、土著围攻、同鲨鱼搏斗、冰山封路、章鱼袭击等许多险情。最后，鹦鹉螺号在北大西洋里遇到一艘驱逐舰的炮轰，潜艇上除了三位俘虏外个个义愤填膺，用鹦鹉螺号的冲角把驱逐舰击沉。不久，他们在潜艇陷入大漩涡的极其险恶的情况下逃出了潜艇，被渔民救上岸。回国后，博物学家才将旅行中所知道的海底秘密公之于世。

2. 版本介绍

该书最早被翻译到中国是在 1902 年，题为《海底旅行》，由卢藉东、红溪生据太平三次的日译本《五大洲中海底旅行》转译（该译本据英译本转译），最初连载于《新小说》，只可惜并未刊完。这是该书已知的最早的中译本。

现在最常见的版本是 2002 年译林出版社出版的由沈国华、钱培鑫、曹德明共同翻译的版本，及 2007 年上海译文出版社出版的由杨松河所翻译的版本。

3. 阅读价值

儒勒·凡尔纳的作品对科幻文学流派有着重要的影响，他与赫伯特·乔治·威尔斯一道，被称作"科幻小说之父"，还被誉为"科学时代的预言家"。不过，21 世纪科技高速发展，作品中所提及的那些神奇的物件大多都已经被发明，现在我们再来阅读《海底两万里》，是不是就有些过时了呢？答案是没有。作为一本科幻著作，《海底两万里》最伟大的地方在于它所写内容的"超前性"，因为在作者儒勒·凡尔纳的那个时代，甚至连尼摩船长所驾驶的潜水艇都没有被发明，作者却通过自己的想象与深远、超前、博大的见识，为读者们创造了一个壮观的海底世界。其实就算 21 世纪的今天，人们对海洋生态、特别是远洋深海的自然环境和生物习性，依然了解很有限。也许作者对于海洋中一些生物的分门别类或认识其实是有错误的，但是这也丝毫不会影响这部科幻巨作的艺术魅力，因为它再现了当时的人们对于海底生态的认识。因此，至少对于 21 世纪初的人类来说，《海底两万里》仍然讲述了一段非常神奇、高于生活的探险体验，所以它不会过时。

二、阅读设计

阅读目标

1. 学会快速阅读法

《海底两万里》作品中在传奇的航海经历中穿插了许多海洋生物知识，但对于身为普通读者的学生而言，除非对此类知识特别感兴趣，一般这些对故事情节发展没有重要作用的内容可以快速略过，撷取重要内容来阅读，这个时候就可以采取快速阅读的方式。快速阅读要求学生能够专心致志地默读，在保证眼睛视域较宽的基础上抓到书中的关键信息和主要线索，快速阅读能够帮助学生快速地初步了解书本所讲的内容。掌握这个快速阅读法后，在阅读其他相类似的作品时，可以尝试使用。

2. 了解"鹦鹉螺"号的神奇构造与非凡的航海线路图

"鹦鹉螺"号虽然是作者儒勒·凡尔纳想象出的一艘潜水艇，但从作品的字里行间我们完全可以还原出"鹦鹉螺"号的大致外形与内部构造，甚至是舱内装饰；阿龙纳斯教授一行人跟随着尼莫船长，从太平洋出发，经过珊瑚岛、印度洋、红海、地中海和大西洋，这一路上他们经历了许多在当时闻所未闻、见所未见的奇闻异事。还原"鹦鹉螺号"与重现其航海线路图，也能为我们梳理整部小说的故事情节提供扎实的基础。

3. 尼摩船长人物形象的探究

在这部小说中，尼莫船长的身份最终也没有清晰地交代，但是在这部小说中他有着多重身份：艇长、发明家、科学家、海洋生物学家、复仇者等等。在小说中他呈现出了复杂的人性：长期与世隔绝的生活，使他变得冷漠、残酷、不近人情，他反对奴隶制，向往自由，却还要将他的暴力强加于人，他时不时把阿龙纳斯一行囚禁起来，强迫他们睡觉，并且强制他们永远留在鹦鹉螺号上；对殖民者的痛恨使得尼摩船长展开了疯狂的海上复仇计划。尼摩船长又是一个有博爱之心的勇士，他请求阿龙纳斯教授为伤势严重的部下治疗，面对水手的死尼摩甚至情绪激动地留下了眼泪，并且为他举行了庄严隆重的珊瑚王国的葬礼；看到印度采珠人被鲨鱼袭击，他奋不顾身地和鲨鱼进行肉搏，还慷慨地送给采珠人一袋珍珠维持生计。他对海底世界充满了好奇，并借助"鹦鹉螺"号自己这一伟大的发明进行无尽的科学探索。整部小说中，尼摩船长始终蒙着一层神秘的面纱，等待着文中的阿龙纳斯教授和书本前的读者为其揭开。

4. 学习科幻小说的阅读方法

科幻小说其实撇开科幻的外衣，也就是普通小说。小说的阅读路径就是从梳理故事情节开始，再到情节的矛盾冲突中去分析小说主要人物的形象特点，结合当时的时代背景以了解作者创作这部小说的最初的创作意图。但是科幻小说既然增加了科幻这一特点，那么就要关注科幻在小说中所起到的作用。科幻本就不是科普，因此凡尔纳包括这本在内的许多科幻作品，本意并非科普，却受当时的现实主义影响而写入了大量当时欧洲人认为"正确"的地理、生物、民俗、天文等知识，在100多年后反而成了非常难得的科学史和博物学资料，让普通人也能了解到当时人类对科学、对地球的认知水平。

三、阅读任务

本书最后，"我"和龚伊赛、尼·德兰从鹦鹉螺号上逃出后，在佛罗敦群岛上有了短暂的停留，"我"又看了一遍这次历险的记述。想必这一定是一本厚厚的充满各种奇遇的历险记。让我们一起来将这本历险记变得更充实与丰富。

第一阶段（2课时）

阅读活动一：还原"鹦鹉螺"号

这一艘被世人误认为独角鲸的潜水艇，内部构造复杂，装潢富丽堂皇，让我们借助原文中作者丰富的想象力与文字，再次还原"鹦鹉螺"号这一艘神奇的潜水艇。

1. 阅读小说第十一章，完成"鹦鹉螺号"档案信息表

"鹦鹉螺"号档案信息			
设计者		建设者	
建造时间		建造地点	
造价		总价	
面积		排水量	
外形			
构造/组成			
速度			
潜水深度			
潜水原理			
动力			
生活补给来源			

2.学生根据小说内容，还原"鹦鹉螺"号内部构造平面图（下图为参考示范）

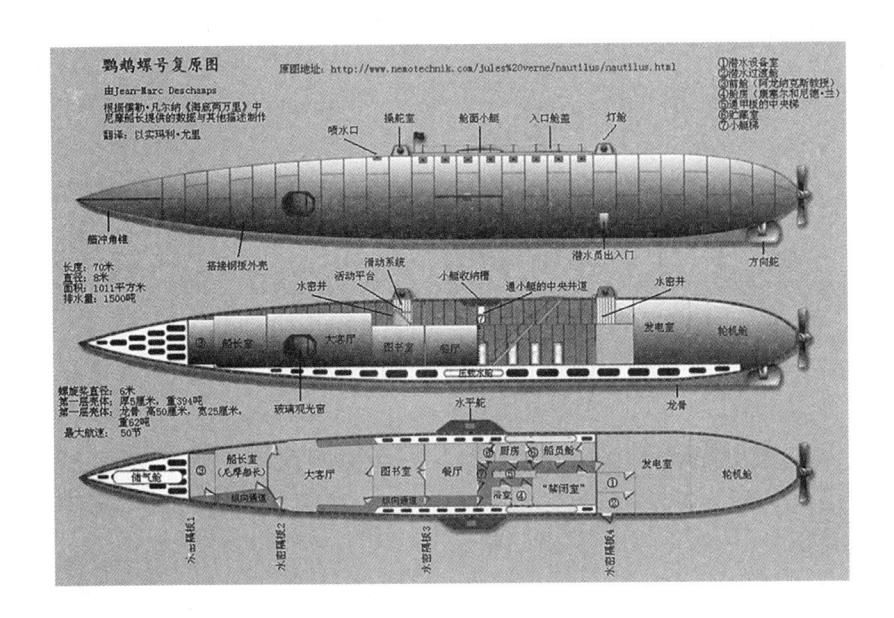

阅读活动二："鹦鹉螺号"大不同

通读全文，找出"鹦鹉螺号"在运作中最让你感到惊奇的部分。

最让我感到惊奇的部分是：＿＿＿＿＿＿＿＿＿＿＿＿＿＿＿＿，我惊奇的原因是＿＿＿＿＿＿＿＿＿＿＿＿＿＿＿＿。

活动说明：小说中很多关于"鹦鹉螺"号的设计发明在现代科技高速发展的时代都已经实现，但是这部小说的伟大之处就在于，在当时潜水艇都还没有发明的年代，这些都是作者想象而来的。学生可以将现代的科学发明成果与小说中的部分内容进行比较，感受作者被人们称为"科学时代的预言家"的原因。

第二阶段（两课时）

阅读活动一：历险记之路线图

根据本书内容，在地图上将鹦鹉螺号航行路线补充完整。

阿龙纳斯教授一行人跟随着"鹦鹉螺"号从太平洋出发，经过珊瑚岛、印度洋、红海、地中海到达大西洋，从路线图中体现"鹦鹉螺"号航行时间长、距离远、深度深等特点，感受作者的伟大想象力和创造力。

阅读活动二：一篇航海日记

作者独具匠心，巧妙布局，设置惊险情节，主人公们时而陷入险象环生的境地，时而又沉迷在充满诗情画意的美妙境界。在"鹦鹉螺"号上，"我"有了许多神奇的经历，看见了以前难以企及的海底世界。请学生挑选一个章节的航海经历，作为阿龙纳斯教授的历险记录中的一篇航海日记，说说这段航海经历的神奇之处。

活动说明：挑选的航海经历可以从达到的时间（包括所花费的时间）、目的地、景致的特点、尼摩船长的介绍等角度做详细的记录。

第三阶段（一课时）

阅读活动一：神秘又复杂的尼摩船长

在作品的最后，"我"对尼摩船长既关心牵挂同时又对他怀着崇高的敬意，他究竟是一个怎样的人？学生可以通过不同章节中关于尼摩船长的内容来分析，四人为一组，各自制作有关尼摩船长的读书卡片，拼凑出一个神秘又复杂的尼摩船长。

活动说明：可以根据作品中尼摩船长的不同身份来进行人物形象特点分析，例如：在第十一章中，尼摩船长热情邀请阿龙纳斯教授一行人参观自己的潜水艇时，他对于各种构造、零部件的设计及其运作原理侃侃而谈，完全展现出了一个发明家和科学家的自信、博学和睿智；在第十七章，他们在穿越最危险的托雷海峡时撞上了一块礁石，尼摩船长又展现了他作为一船之长的镇定自若、毫无畏惧的特点。在学生进行交流时，每个小组可以先展示有关尼摩船长人物形象特点的关键词，让其他小组的成员竞猜是哪一段的航海经历，以提升学生整体的参与度。

第四阶段（一课时）

阅读活动：探究作者的创作意图

学生可以查阅《海底两万里》的相关资料，简要了解作者的创作意图。

活动说明：

讨论作者的创作意图我们可以从政治角度和科学角度来进行。

波兰人民反对沙皇独裁统治的起义遭到残酷镇压是凡尔纳创作《海底两万里》的一个导火索。他在小说中塑造了尼摩船长这个反对沙皇专制统治的高大形象，赋予其强烈的社会责任感和人道主义精神，以此来表达对现实的批判。

科幻作品一直被人们所低估，认为它们不如许多其他现实主义小说般有研究价值，但是我们可以换个角度思考，其实有许多问题在我们日常生活语境中是不会被思考的，或者受到现有社会结构等的制约无法展开思考。科幻作品能够跳脱当下、跳脱现实的束缚，在种种貌似"不可能"的戏剧情境中，引发不同寻常的新思考，激发人类想象、创造、预测、反思，以启发我们在真实世界中的思考与行动。科幻作家们的"高瞻远瞩"，让人们理性地思考未来。而人类的未来，正是基于今天种种思想实验所取得的成果。而《海底两万里》的影响力我们可以从世界上第一艘核动力潜艇即被命名为"鹦鹉螺"号来得到印证。以此来观照科幻，就可以理解为何科幻作品因其不可替代而具有强大的生命力。这也是为何《海底两万里》的生命力可以一直延续到现在的原因。

四、活动评价与总结

可以以个人与小组积分制的形式鼓励学生积极参与阅读活动任务，通过以下方式进行积分：

1. 每周阅读打卡检查；
2. 组织开展"鹦鹉螺"号构造还原展；推荐最佳"神还原"作品；
3. 课堂分组讨论与个人发言评价，鼓励对于文中所涉及的海洋知识了解较多的学生积极发言，颁发"阅读博学奖"；
4. 由教师与学生共同评出"最佳阅读小组"、"最佳阅读个人"。

让红色精神永生

——《西行漫记》阅读活动设计

上海交大附中附属嘉定洪德中学　张留娣

一、书本简介

（一）主要内容介绍

　　由于国民党反动派歪曲事实，编造谣言，并想方设法地封锁中国共产党和红军的所有消息，所以世界各国人民都无法清楚地知道中国革命的真相，"苏区"是一个让世人无法猜测的"谜"。为了给大家揭开这个"谜底"，埃德加·斯诺决定奔赴苏区。

　　1936年6月至10月，斯诺带着"一封介绍信，2只相机，24个胶卷，还有足够的笔记本"奔赴我国西北的革命根据地进行实地采访。期间将所见所闻写成一部报道性作品——《西行漫记》。这本书向全世界作了关于中国、中国工农红军以及众多红军领袖、将领情况的真实报道，宣传了中国共产党的统一战线方针，扩大了中国革命在国内外的影响。

　　在四个多月的时间里，斯诺对西北革命根据地和工农红军（许多红军将领和普通战士以及当地的普通老百姓）进行了深入的全方位的采访，对根据地的军民生活、政治改革、民情风俗习惯等做了广泛深入的调查。毛泽东和周恩来均以博大的胸怀、开放、包容、坦诚的态度接受这位有好奇心、尊重客观事实，又是第一位到陕甘宁边区进行采访的外国记者，刚刚30岁的斯诺的采访。

毛泽东曾多次在保安县（今陕西省志丹县）亲切会见斯诺，使得斯诺获得了许多关于毛泽东个人和中国共产党以及工农红军的第一手珍贵资料。毛泽东和周恩来是斯诺笔下最具代表性的人物形象。

通过实地调查了解，斯诺深知中国共产党及其领导的工农红军是中国人民的希望所在，因此，他撰写了大量关于中国共产党和工农红军的报道，密密麻麻地写满了十多个笔记本。1936年10月底，斯诺带着采访资料、胶卷和照片从陕北回到北平，经过几个月的埋头创作，《红星照耀中国》（又名《西行漫记》）出版了。此书的出版让世界第一次看到了中国共产党、中国红军和西北革命根据地的真实面貌，斯诺用不容置疑的事实向世界宣告：中国共产党及其领导的革命事业犹如一颗闪亮的红星，不仅照耀着中国的西北，而且必将照耀全中国，照耀全世界。

《红星照耀中国》作为第一部向世界介绍和传播中国共产党和中国革命历程的图书，它在世界上造成了轰动性影响，是一部文笔优美、纪实性很强的报道性作品，被誉为"研究中国革命的经典百科全书"。

《红星照耀中国》内容涵盖了对中国共产党和红军主要领导人的采访、红军长征、中国共产党的抗日的军事战略和策略、作者的整个采访经历和个人感受等，全面客观地重现了中国共产党在长征途中真实而艰辛的历史史实，给人鼓舞，催人奋进。

《红星照耀中国》真切地让读者仿佛再次回到了那段激情燃烧、烽火连天的峥嵘岁月，深深地感受着中国共产党领导人民进行革命的伟大光辉历程，深刻感悟革命前辈的坚定信念和英雄壮举，从而擦亮心中的信念之灯，点燃心中的红色激情，并将自己融入祖国和民族复兴的伟大事业中，从而让红色精神在不断传承中获得永生。

在《红星照耀中国》中，斯诺探求了中国革命发生的背景、发展的原因。他判断由于中国共产党的宣传和具体行动，使穷人和受压迫者对国家、社会和个人有了新的理念，有了必须行动起来的新的信念。由于有了一种思想武装，有一批坚决的青年，所以能够对国民党的统治进行群众性的斗争长达10年之久。他对长征表达了钦佩之情，断言长征实际是一场战略撤退，称赞长征是一部英雄史诗，是现代史上的无与伦比的一次远征。斯诺用毋庸置疑的事实向世界宣告：中国共产党及其领导的革命事业犹如一颗闪亮的红星，不仅照耀着中国的西北，而且必将照耀全中国照耀全世界。

（二）书本评价、版本介绍

斯诺突破重重封锁，将在延安的所见所闻记录并整理发表。《西行漫记》的版本历经雏形本、重印本、翻印本、抽印本等形式，短时间内又被翻译成多国语言，掀起了不小的国际波澜。笔者根据历史阶段和翻译语言，整理重要版本的书名、出版年月、译者和出版社。

	书　名	出版年月	译者/出版社
雏形本	★《外国记者西北印象记》	1937.3	
英文版本	《Red Star in China》/《Red Star Over China》	1939.10	英国伦敦 Victor Gollancz
	增订版《Red Star Over China》	1938.7	
	精装版《Red Star Over China》	1944	Grove Press
	硬精装版《Red Star Over China》	1972	Pelican Books
日文版本	《赤色支那的内幕》	1941	兴亚院政务部
	《中国的赤星》	1944	中国文艺爱好会
	精装版《中国的赤星》	1952.7	筑摩书房
	软精装版《中国的赤星》	1972	松岗洋子/筑摩书房
中文版本	★《西行漫记》	1938.2	梅益、傅东华、王厂青、邵宗汉、林淡秋等十二位爱国人士/自行组织出版
	《长征25000里——中国的红星》	1949	史家康、顾水笔、赵一平、王念龙、祝凤池、张其韦等六人
	重版《长征25000里——中国的红星》	1949.6	启民书局
	《西行漫记——二万五千里长征》	1949.9	亦愚/上海急流出版社
	《西行漫记》	1974	外文出版社
	《西行漫记》	1975	人民文学出版社
	《西行漫记》	1975.12	香港广角镜出版社
	★《毛泽东1936年同斯诺的谈话——关于自己的革命经历和红军长征等问题》	1979.12	吴黎平
	★《西行漫游》封面印有"红星照耀中国"	1979.12	董乐山根据伦敦本全文译/人民出版社副牌三联书店

（续表）

	书　名	出版年月	译者/出版社
中文版本	《红星照耀中国》	1992	河北人民出版社
	《红星照耀中国》	1996	中国少年儿童出版社、中国青年出版社
	《西行漫记：英汉对照》	2005.7	外语教学与研究出版社
少数民族文字版本	朝鲜文	1981.12	
	维吾尔文	1982	
	藏文	1985	
	哈萨克文	1985.11	

1937年10月，《红星照耀中国》由伦敦维克多·格兰茨公司（Victor Gollancz）第一次出版。在当时国统区，要公开出版这本书是不可能的。上海租界内的一群抗日救亡人士（如梅益、傅东华、王厂青、邵宗汉、林淡秋等十二位爱国人士），在一部分中共党员的领导下（如胡愈之等人），得到斯诺本人的同意，组织起来以"复社"名义，集体翻译、印刷出版和发行了这本书的中译本。中译本采用《西行漫记》这个名字，作为掩护。

1979年，在国家出版局领导下，人民出版社受命组织重新翻译《红星照耀中国》，委托董乐山根据伦敦维克多·格兰茨公司1937年出版的英文版翻译，并由人民出版社副牌三联书店出版发行。三联书店版的《西行漫记》成为《红星照耀中国》汉译史上的经典版本，

（三）阅读的价值意义

高度纪实性，深刻洞察力。《红星照耀中国》记载了斯诺通过采访、交流和实地调查得来的资料，许多采访都采用了"口述实录"的新闻叙事方法。是在奔走了党政机关、红军、经济、文化、教育、宣传等各方面情况，在同红军领袖、红军战士、普通工人、农民、知识分子等做了无数次采访的基础上，才有了《红星照耀中国》的面世。正如1938年中译本作者序：

……因为我和共产党并无关系，而且在事实上，我从没有加入过任何政党，所以这一本书绝对不能算作正式的或正统的文献。在这里，我所要做的，只是把我和共产党员在一起这些日子所看到、所听到而且所学习的一切，作一

番公平的、客观的无党派之见的报告。这样就是了。

人物个性鲜明，真切可感。 斯诺善于表现人物的外貌、心理、个性，采用了白描对话、特写及细节描写等表现方法，将人物惟妙惟肖地展现在读者面前。作者用细腻的笔触描写了几乎所有的红军领袖：气度恢弘、学识渊博、博古通今的毛泽东；温文尔雅、谈吐不凡、学富五车的周恩来；健壮如虎、嫉恶如仇、智勇双全的贺龙；德高望重、老当益壮、才高八斗的徐特立；才华横溢、信仰坚定、热情真诚的徐海东……这些传奇人物过目不忘。

彭德怀过去即有这样一种斗争历史，我原以为他是个疲惫的、板着脸的狂热领袖，身体也许已经垮了。结果我却发现彭德怀是个愉快爱笑的人，身体极为健康，只是肚子不好，这是在长征途上有一个星期硬着头皮吃没有煮过的麦粒和野草，又吃过带有毒性的食物和几天颗粒不进的结果。

我住在彭德怀设在预旺堡的司令部的院子里……不过是一间简单的屋子，内设一张桌子和一条板凳，两只铁制的文件箱，红军自制的地图，一台野战电话，一条毛巾，一只脸盆，和铺了他的毯子的炕。

巧设悬念，擅长场面描写。 斯诺以替读者答疑解惑的方式展开论述。第三视角的客观角度揭露世界对于这个东方国度政治的真正所关切。

……关心东方政治及其瞬息万变的历史的人，都有这样一些感到兴趣而未获解答的问题：

中国的红军是不是一批自觉的马克思主义革命者，服从并遵守一个统一的纲领，受中国共产党的统一指挥的呢？如果是的，那么那个纲领是什么？共产党人自称是在为实现土地革命，为反对帝国主义，为争取苏维埃民主和民族解放而斗争。南京却说，红军不过是由"文匪"领导的一种新式流寇。究竟谁是谁非？还是不管哪一方都是对的？

二、阅读目标

阅读意义决定了阅读目标。实际上阅读过程就是要吸收一本书在文体特征、文学创作和人格锤炼上的精华。

作为一本访谈类整理纪实性报道类作品，美国记者埃德加·斯诺和《红星照耀中国》这两个名词,已经作为划时代的里程碑,被永远载入史册。正如美国历史学家肯尼思·休梅克称赞的那样,"《西行漫记》(即《红星照耀中国》)的出版,本身就是中国现代史中的一个大事件"。它"标志着西方了解中国的新纪元"。他在回顾《西行漫记》对历史的影响时,采用历史学的视角,突出这本书对中国革命的开展、对世界认识中国所产生的深远影响。而在考察其成功原因时,却立足于新闻学,强调它题材的重大,写作技巧的高超,以及作为独家新闻所具有的得天独厚的优势和记者本人的良好素质。

所以,我们需要从历史学和新闻学两种视角来审视《红星照耀中国》。

其次,立足纪实性报道,尽可能还原"苏区"的斗争生活和小人物生活。第六篇"红星在西北"、第七篇"去前线的路上"就记录下"苏区"农业、工业和经济实况一隅。正如1938年中译本作者序中所说:

> 从严格的字面上的意义来讲,这一本书的一大部分也不是我写的,而是毛泽东、彭德怀、周恩来、林伯渠、徐海东、徐特立、林彪这些人——他们的斗争生活是本书描写的对象——所口述的。此外还有毛泽东、彭德怀等人所作的长篇谈话,用春水一般清澈的言辞,解释中国革命的原因和目的。还有几十篇和无名的红色战士、农民、工人、知识分子所作的对话……

最后,译本的翻译。讲述者毛泽东的湖南口音很重,经吴亮平口译,由斯诺记录为英文,而后整理成打字稿,再由黄华回译成中文,经毛仔细审阅和修改,交黄华照改后退还斯诺。经历了中译英、再由英文回译中文,经毛审订后照改英文稿的反复过程。在外语翻译中,人名、地名等的回译是最易出差错的,如斯诺所说,其所记有些"重大的政策问题和人名、地名还记得不太准确",因而还需要查询订正。2012年,中国作家莫言也获得了诺贝尔文学奖,学界一直认为莫言的作品能获此殊荣翻译功不可没,正是因为翻译得当,他的书籍在国外更容易受到人们的关注。所以,学生可以从译本角度入手重新审视《红星照耀中国》。

三、阅读设计

1. 目标

(1)学生通过描摹群像,走进记者笔下的"苏区",勾勒人物形象和社会

风貌;

(2) 学生通过书名校对,慎思《Red Star Over China》主旨重点,初步感受精神内核和出版波折;

(3) 学生通过群文比较阅读,比较《大地》和《中国的西北角》,加深理解《红星照耀中国》的历史价值和新闻价值。

2. 准备

(1) 师生共读细读《红星照耀中国》。摘抄感触较深的片段,并在书上做批注;

(2) 每一章节阅读结束后,结合摘抄和批注撰写"与苏区对话,我……"。

要求:字数不少于400字;批注引用融入撰述中。

3. 过程

活动一:海报设计

难度★★★

学校"鹤鸣"文学社最近想给《红星照耀中国》设计一张群像海报。在查阅资料的时候,意外收获了下面三个书本封面:分别是1937年英文初版、1979年中译本和2005年第一版。

进一步查阅史料,同学们意外收获下面这张照片——封面原型。斯诺到红军西方野战军总部驻地宁夏预旺堡采访时,他看到一群"红小鬼"在一面迎风飘扬的红旗下练习吹号。被拍的战士叫谢立全,是兴国县人。兴国有将军县之称,中央苏区时期有8万多人参加红军。谢立全12岁时便参加了红军,长征前担任红三军团五师政治部青年科长。

斯诺拍照时,谢立全只有19岁,但已经历过九死一生。长征途中,他患上了严重痢疾无法骑马,5名战士轮流背着他走,才没有掉队。在一次战斗中,敌人的一枚手榴弹扔到他身旁，导火索正嗤嗤响。谢立全反应敏捷，捡起手榴弹扔了回去，才逃过一劫。

所以"鹤鸣"文学社社员们突然萌发出想为《红星照耀中国》中提及的"大人物""小人物"绘制群像海报以致敬那段岁月。如果你是其中一员，一起加入进来吧，绘制海报并附上每个人物小传介绍。

（谢立全）

活动二：海报题书名，你会选哪一个？

"鹤鸣"文学社社员们历经一个月，仔细翻阅《红星照耀中国》和大量其他史料，终于完成了群像海报。但是在落款书名的时候，犯了难。你会选哪一个呢？或者你是有了新的想法吗？

难度★★★

同学们向文学社指导老师张老师请教《Red Star Over China》的译名。张老师整理了自1937年初版至今的重要版本和具有代表性的译名，供学生参考。

	书　名	出版年月	译者/出版社
雏形本	★《外国记者西北印象记》	1937.3	
英文版本	《Red Star in China》/《Red Star Over China》	1939.10	英国伦敦 Victor Gollancz
日文版本	《赤色支那的内幕》	1941	兴亚院政务部
	《中国的赤星》	1944	中国文艺爱好会
中文版本	★《西行漫记》	1938.2	梅益、傅东华、王厂青、邵宗汉、林淡秋等十二位爱国人士/自行组织出版
	《长征25000里——中国的红星》	1949	史家康、顾水笔、赵一平、王念龙、祝凤池、张其韦等六人
	★《毛泽东1936年同斯诺的谈话——关于自己的革命经历和红军长征等问题》	1979.12	吴黎平
	★《西行漫游》封面印有"红星照耀中国"	1979.12	董乐山根据伦敦本全文译/人民出版社副牌三联书店
	《红星照耀中国》	1992	河北人民出版社

难度★★★★★

同学们自己动手搜集文献资料，整理下《Red Star Over China》的曾译名更迭。然后群策群力为海报挑选/拟定一个书名。

活动三：Chu Hsun-pei，海报里有你吗？
难度★★★

海报初稿顺利完成。文学社社员徐星突然提出质疑：书中的"朱谦之"确有其人吗？应该放进群像海报里吗？这一下引起大家的热议。每位社员都兴致盎然地翻阅图书馆书籍，有了不同的发现。

社员一：我找了董乐山译《西行漫记》，三联书店 1979 年版。第 127、128 页上是这样写的：

我对政治的兴趣继续增长，我的思想越来越激进。我已经把这种情况的背景告诉你了。可是就在这时候，我的思想还是混乱的，用我们的话来说，我正在找寻出路。我读了一些关于无政府主义的小册子，很受影响。我常常和来看我的一个名叫朱谦之的学生讨论无政府主义和它在中国的前景。在那个时候，我赞同许多无政府主义的主张。

这一自述历来为大家所熟悉，讲的是毛泽东于 1918 年后在北京大学当图书管理员时的情况。毛泽东与北大学生朱谦之的这段关系，这人肯定存在啊。

社员二：我特意找了戴康生撰《朱谦之传略》，陈来主编的《北大哲学门——朱谦之卷》中黄夏年所撰前言《朱谦之先生的学术成就与风范》，以及作为"中山大学杰出人文学者文库"之一的《朱谦之文集》等。我还摘抄了序言："毛泽东主席在北大工作期间曾与朱谦之讨论过无政府主义等问题。"这难道不是辅证吗？

社员三：我觉得既然是翻译有疑惑，那就看原版本。我找到了 1937 年英国维克多·格兰茨公司（Victor Gollancz）里原文：

My interest in politics continued to increase, and my mind turned more and more radical.I have spoker to you of the background for this.But just now I was still confused, looking for a road, as we say. I read some pamphlets on anarchy, and was much influenced by them.With a student named ChuHsun pei, who used to visit me, I often discussed anarchism and its possibilities in China. At that time I favored many of its Proposals.

也就是说，Chu Hsun-pei 应该是有这个人的。

社员四：我查了朱谦之的历来回忆录。但很奇怪，他从没有写过他与毛泽东的这一段故事。1992 年河北人民出版社出版的李方准、梁民译《红星照耀中国》的新译本里是翻译成"朱舜白"。太复杂了。

社员五：那难道是 1937 年英国伦敦版的《Red Star Over China》有误？我查了更早一点的口述自传的内容，居然发现 1937 年美国 Asia 杂志原文里没有 "named Chu Hsun pei"！

你怎么看呢？

活动四：《红星照耀中国》《大地》（赛珍珠）和《中国的西北角》（范长江） 难度★★★★

如果说《红星照耀中国》是让西方了解中国共产党人，那么更早前的美国女作家赛珍珠撰写的长篇小说，在《大地》里，作者以同情的笔触和白描的手法，塑造了一系列勤劳朴实的中国农民的形象，让西方人了解中国农民。

如果说《红星照耀中国》是一名西方记者给中国报道文学上得重要一课，那么中国范长江的《中国的西北角》便是国内新闻人绕不过的新闻通讯著作。

感兴趣的社员，非常欢迎你阅读《大地》和《中国的西北角》。海报的右下角设置了专栏"阅读星辰大海"，你给其他爱好社会纪实类文学的同学们一点建议和书籍点评吧。

四、设计说明

活动设计紧紧围绕活动目标展开：学生通过描摹群像，走进记者笔下的"苏区"，勾勒人物形象和社会风貌；学生通过书名校对，慎思《Red Star Over China》主旨重点，初步感受精神内核和出版波折；学生通过群文比较阅读，比较《大地》和《中国的西北角》，加深理解《红星照耀中国》的历史价值和新闻价值。

这次的四个活动设计全部基于"鹤鸣"文学社将为《红星照耀中国》绘制群像海报这个大情境下展开。

活动一：绘制群像海报。这里实际上想引导学生走进文本，走进文字，感受新闻报道朴实性文字背后所勾勒的20世纪30年代延安的风貌和中国共产党人的某一面。

活动二：为海报选定书名。这个对于八年级学生来说，是阅读外文书籍中译本时常会被忽略的问题。笔者为了降低难度，罗列了自1937年初版至今的重要版本译名，以拓宽学生的阅读视野和阅读积累。实际上，书名在一定程度上也反映出了作者（或译者）对于书本内容和主旨的立足点。《外国记者西北印象记》《中国的红星》是客观立场的直译；《西行漫记》是内容的概括，更是特定历史时期为躲避国民党书籍封锁的无奈之举；《红星照耀中国》中"照耀"一词就潜藏了译者的情感和期盼；《毛泽东1936年同斯诺的谈话——关于自己的革命经历和红军长征等问题》则是立足文章主题内容等等。所以看似是让学生选择一种译名，实际上是激发学生从不同角度重新回顾这本书。

活动三：Chu Hsun-pei，海报里有你吗？这个设计最意想不到，也是引发争议的最难环节。同样笔者也是降低了辩论难度，参考了邬国义《毛泽东与无政府主义——从〈西行漫记〉的一处误译谈起》一文，五位社员各自引经据典，据理力争。而五位社员的讨论角度是不一样的，甚至是层层弥补上一位社员的逻辑漏洞。这个过程恰恰是文献研究的奥秘和神奇所在。在八年级，给学生奠定一点文学研究的意识是极为有意义的！

另一个角度也是要点拨学生，尤其是阅读中译本时要有翻译学意识。阅读时刻存疑。

活动四：《红星照耀中国》《大地》（赛珍珠）和《中国的西北角》（范长江）的群文比较阅读。分别是历史价值角度（《红》和《大地》）和新闻价值（《红》和《中国的西北角》）。这个环节，可以很简单也可以很高要求完成，留给师生很大的弹性空间。有个观念是绕不过的，也就是文体。依如《傅雷家书》笔者设计的最后一个活动——感动书信的"慢"和"快"，短暂和永恒，《红星照耀中国》作为纪实报道类著作，最后的活动设计依旧是想回归文体特征。

用人性去看待虫性，以虫性反映社会人生

——《昆虫记》阅读活动设计

上海市存志学校　陈　澍

一、书本简介

（一）内容简介

《昆虫记》(*Souvenirs Entomologiques*)又称《昆虫世界》《昆虫物语》《昆虫学札记》或《昆虫的故事》，是法国昆虫学家、文学家让-亨利·卡西米尔·法布尔创作的长篇生物学著作，共十卷，内容包括昆虫的种类、特征、习性和婚习等，全书共涉及100多种昆虫。

1880年，法布尔用积攒下的钱购得一老旧民宅，他用当地普罗旺斯语给这处居所取了个雅号——荒石园。通过年复一年的劳动，法布尔把这里建成了一座百虫乐园，并把劳动成果写进一卷又一卷的《昆虫记》中。1907年全书首次出版。

《昆虫记》分十卷，每一卷分17~25不等的章节，每章节详细、深刻地描绘一种或几种昆虫的生活，重点介绍了昆虫的外部形态、生物习性，真实地记录了几种常见昆虫的本能、习性、劳动、死亡等。在该书中，作者笔下小小的昆虫们恪守着自然规则，为了生存和繁衍进行着不懈的努力。

书中同时收入一些讲述经历、回忆往事的传记性文章，记载着法布尔的生平抱负、知识背景、生活状况以及痴迷昆虫研究的动因、等等内容。作者将昆虫的多彩生活与自己的人生感悟融为一体，用人性去看待昆虫，以虫性反映社

会人生，字里行间都透露出作者对生命的尊敬与热爱。

（二）书本价值

《昆虫记》的价值至少有三：

1. 科学性

作为一位昆虫学家，法布尔不仅记录昆虫的生活，更关注昆虫的生命过程。他怀着对科学真理的挚爱，始终坚持一丝不苟的态度，毕生恪守"事实第一"的原则，长时间追踪观察昆虫，不断进行科学实验。假设、推理、推进、求证，一步一步地逼近真相。他把科学工作乃至一切工作的实证精神发展到极其严谨的地步，"求实"正是法布尔科学精神的内涵。

2. 文学性

本书的魅力还在于高超的写作技巧。法布尔以活泼的行文，诙谐的语言描写了一个远离尘嚣、丰富多彩的昆虫世界。他还常以拟人的手法表现这些渺小昆虫的一举一动，诉说着大自然中爱恨情仇，读起来情趣盎然。难怪法国大文豪雨果称赞法布尔为"昆虫世界的荷马"。

3. 人文思考

法布尔还将专业知识与人生感悟融于一炉，在对昆虫的日常生活习性、特征的描述中，处处洋溢着对生命的尊重和对自然万物的赞美。这种敬畏生命的情怀给本书注入了人文思考。他以人性观照虫性，以虫性反观社会人生，娓娓道来，充满情趣和诗意，也使读者获得更加深刻的人生体验和感悟。

（三）版本介绍

《昆虫记》在国内版本众多，有全译版，有编译版，有改编版，有改写版，有编写版，有编著版，有编绘版……由于译者和编者身份和水平的差异，使得《昆虫记》成为了版本最多、质量最参差不齐的一本书。笔者通过比较推荐以下几个版本：

1. 人民文学出版社 陈筱卿译本

陈筱卿先生是我国著名的法语翻译家，他翻译的《昆虫记》兼具准确性和文学性，普及度较高。人民文学出版社的版本，还将选编的篇目分为"昆虫的习性"和"昆虫的生活"两部分，更易于学生分类阅读。

2. **作家出版社 王光译本**

这是第一个由法文直接翻译的选译本，是畅销至今的经典版本。王光坚持"直接译自原著"与"原著反映全貌"的原则，强调它在文学史上的地位。译本中《荒石园》一篇对于学生了解作者创作研究的背景和理念有重要的意义。

3. **花城出版社 十卷全译本**

这是国内唯一十卷本全译本的《昆虫记》。这个版本 2001 年推出，集合了团队的力量，选取法文原著翻译，尽最大可能地忠于原著，配图也是等比例缩小，历时五年才翻译完成，又经过数次修订创作而成，为出版界的"昆虫总动员"划上了一个句号。

二、阅读设计

（1）目标：

《昆虫记》是统编教材八年级下册的必读书目之一，出现在第五单元说明文单元。单元目标是把握说明对象的特征，以及了解文章是如何使用恰当的说明方法来说明的；并希望通过阅读相关作品能够引导学生去发现大自然的奥秘，激发科学探索的精神。在这一单元目标的基础上，结合《昆虫记》本身的特点，笔者就本书的阅读设置了以下几个阅读目标：

1. 根据个人喜好，了解几种昆虫的相关知识。
2. 分析理解法布尔的实验方法和理念，体会其科学实证精神
3. 能够赏析作品的文学性，特别是大量拟人手法的运用及其作用
4. 对作品的人文精神有初步的理解。

（2）准备：

《昆虫记》对某些热爱昆虫的学生来说无疑是吸引人的，但书中不乏自然科学的专业术语，且昆虫种类繁多，对于部分对昆虫兴趣不大、或更热爱情节类作品的学生而言，着实缺乏持久的阅读兴趣；倘若只作为科普类文章阅读，以了解部分昆虫的习性特征，又未免把书读浅了。

因此，对《昆虫记》的整本书阅读教学设计，笔者有三点建议：一是用两周左右通读全书，每天阅读两到三章，以保持阅读的连续性和完整性；再用一周时间选择自己感兴趣的章节进行精读，并完成活动一、活动二、活动三。二是阅读前借助前言、后记或附录中有关作家作品的介绍，了解作家的生平事迹、科学成就和全书的大致内容，为阅读整本书做准备；三是在阅读中，遇到一些专业性较强的概念、术语，要查找工具书或相关资料，把握其含义，并运用自己在课内外学到的知识加强理解，深化认识。

（3）过程：

活动一：画出你心中的"荒石园"导览图

要求：至少含有五种昆虫和他们栖息地（昆虫和栖息地可以手绘，也可以打印黏贴）

设计两项互动体验活动，并标明所需要的工具，材料等。

设计说明：书中涉及的昆虫种类繁多，这项任务可以让学生在总览全书的基础上，选择最感兴趣的几种昆虫，积累相关知识。贴近生活的活动设计也能激发学生的参与热情。

活动二：撰写一份实验报告

法布尔说"你们是把昆虫开膛破肚，而我是在它们活蹦乱跳的情况下进行研究……你们在酷刑室和碎尸场里工作，而我是在蔚蓝的天空下，在鸣蝉的歌声中观察……你们探究的是死，而我探究的却是生！"请你结合文中某个具体实验，谈谈法布尔研究方法的特点，可以用几个关键词概括。

实验名称	
实验目的	
实验对象	
实验步骤	① _____ ② _____ ③ _____
实验现象	
实验结论	
法布尔实验的特点	

设计说明： 作为科普类名著的经典，《昆虫记》中准确而严谨的科学知识是法布尔通过长时间观察和艰苦的实验得来的。他说自己"准确记述观察到的事实，既不添加什么，也不忽略什么"。因此，书中他只采纳通过自己的观察和实验得来的结论。这种实证精神与求真精神正是科学精神的核心。让学生选择一个实验，悉心梳理其过程，体会法布尔的实证精神，也是让学生养成"崇尚真知"品质的关键。如有能力有兴趣，也不妨仿照法布尔的实验，自行设计一个实验方案，进行实验探究。

活动三：颁发一张昆虫界的"上岗证"

法布尔在描写昆虫时大量运用比喻、拟人等修辞，并赋予这些小虫子以各种各样的称号，如：

狼蛛——一招制死的杀手

蜣螂——清道夫

黄蜂——建筑天才

杨柳天牛——吝啬鬼

蝉——永远不知疲倦的歌唱家

螳螂——不折不扣的杀手

会结网的蜘蛛——纺织高手

请你就上面的称号或者从书中另外寻找更加精彩的比喻，为某一种昆虫颁发"荣誉证书"，并完成以下任务：

1. 用说明性文字介绍其习性特征。（120字左右）
2. 运用比喻、拟人等修辞手法为其致颁奖词。（80字左右）

设计说明： 科学性与文学性并重是本书的重要特点。法布尔始终把昆虫作为"人"来对待并进行描绘，在对昆虫的科学研究论述中，充满了人的气息。选择一种昆虫，首先还原其习性特征，再与作者的语言进行比较，从而体会法布尔拟人化的语言风格，以及这一风格背后他倾注于小昆虫深深的热爱。

活动四：撰写探究小论文（以下任务二选一）

（1）读了《昆虫记》，你觉得昆虫的哪项本领可以推动人类某方面的发展？请就此话题写一篇科普小论文，包括昆虫的本领，人类生活的某个领域，以及两者的关联性。

（2）除了在生活上给人类的发展提供启发，还有人评价《昆虫记》"透过昆虫世界折射出社会人性"，请结合文中实例，谈谈你对这句话的理解。

设计说明：法布尔透过昆虫世界折射出社会人生。他发现蝎子受惊后进入"假死"状态，以求自保。由此他想到："生命是种很严肃的东西，我们应当不是把它当作一种享乐，一种磨难，而是一种义务，一种只要最后期限未到我们就必须全力而尽的义务。"法布尔还由昆虫求生的本能鼓励人类"要相信本能从未违背过自己的诺言。"在记录昆虫大千世界的同时，法布尔传达他对人类社会的深刻见解，无形中指引着读者在昆虫的"伦理"和"社会生活"中重新认识人类的思想道德。

不过，昆虫毕竟不同于人，雌螳螂会吞下新婚的雄螳螂、绿蝈蝈会吞食自己受孕的囊泡、隧蜂妈妈任由掠夺者抢食幼虫最好的食物、小朗格多蝎子必须远离妈妈，否则会有被妈妈吞食的危险……法布尔展示的昆虫世界也是充满危险的，不仅不同类的昆虫间存在弱肉强食，同类昆虫也会相残。

以人性关照虫性是有意义的，观察那些来自昆虫天赋本能的虫性，可以唤醒人们尊重生命、敬畏生命、保护生命的家园意识；也时时刻刻在提醒人们，世间万物，众生平等，人和昆虫是一个生命共同体，善待昆虫就是关爱人类自己。虫性毕竟不同于人性，人性充满了思考和理性，可以通过教育和熏陶进行矫正和完善。我们可以从人性的角度去思考昆虫的生命状态和特征，更要客观地认识人性的伟大和珍贵。

参考资料：
《科学与人文交融——〈昆虫记〉读写任务设计》　汤建伟
《初中语文整本书阅读指导》——上海的实践探索　曹刚　主编

家书抵万金

——《傅雷家书》阅读活动设计

上海交大附中附属嘉定洪德中学　张留娣

一、书本简介

（一）主要内容介绍

《傅雷家书》从1981年出版至今依旧经久不衰，仍然成为很多父母培育子女，从中吸取经验的读本。研读《傅雷家书》发现，这本书的魅力和价值很大部分在于书中所表达的家教、方法与家风的观念。《傅雷家书》最主要的内容是傅雷写给儿子傅聪的信件，是父亲对儿子的谆谆教导，包含谈艺术、谈文学、谈做人、谈生活等各方面。正如楼适夷先生所说，它是一部充满父爱的苦心孤诣的教子篇。

但除此之外，还会发现，1954年—1966年间饱含着爱和艺术温暖的家书显性文字背后，蕴藏着傅雷个人不易被世人觉察的命运变迁史和充满理性的对现实的深沉思考的"潜在"书写。这种"潜在"书写对傅雷而言是"无意识"的，但它却是历史真实的烛照，是时代政治的真实隐喻。正如陈思和所说："我们要在以往50—70年代的文学史里寻找时代精神的多重性似乎是很困难的，因为公开出版物里不可能提供来自这方面的信息。"

笔者按照信件往来频次和语言背后情感起伏，将1954年—1966年间的家书分为三个阶段：安适的前期、煎熬的中期和痛苦的后期。

（1）安适的前期。1954年1月17日，傅聪踏上了北上的火车，受波兰政府邀请，傅聪将要参加1955年2月22日在华沙举行的"第五届肖邦国际钢琴比赛"，并留学波兰。在送走儿子的第二天，傅雷就忍不住对儿子的思念，动笔写下了一封饱含父子深情的信，这封信就是著名的《傅雷家书》的开篇之作，也是此书能够问世的缘起之作。此后，父子相聚的日子非常少，尤其是傅聪出走英国之后，父子俩就再也没有见面，父子"两地书"这样一直持续到傅雷夫妇的含冤离世。从1954年—1955年5月的家书中可以体会到，这是傅雷在1954年—1966年间最安适的一段"出世"时光。在这个时期，傅雷同许多著名知识分子不同，他并没有随着新时代的到来，积极投身于火热的社会主义建设中去。一直以来，远离政治的想法并没有改变，傅雷还是选择了认为最适合自己的书斋生活，一直到去世，都没有参加任何正式工作。他在自己的"疾风迅雨楼"中潜心从事着热爱的翻译事业以及和儿子用文字进行真诚的交流。在1955年5月8日—5月9日的家书中，傅雷提到了写信的目的：长篇累牍的给你写信，不是空唠叨，不是莫名其妙的gossip，而是有好几种作用的。第一，我的确把你当成一个讨论艺术、讨论音乐的对手；第二，极想激出你一些青年人的感想，让我做父亲的得些新鲜养料，同时也可以间接传布给别的青年；第三，借通信训练你的——不但是文笔，而尤其是你的思想；第四，我想时时刻刻，随处给你做个警钟，做面"忠实的镜子"，不论在做人方面，在生活细节方面，在艺术修养方面，在演奏姿态方面。

傅雷在这一时期的书信中与儿子讨论的内容涉及：做人、音乐、绘画、诗词、戏曲、文学、翻译、生活习惯、爱情等诸多方面，但对于社会政治生活的内容却只字未提，无疑，这一时期傅雷阳光明媚，心情舒畅。

（2）煎熬的中期。但是，在1955年3月21日傅雷曾写道：但我始终是中国儒家的门徒，遇到极盛的事，必定要有"如临深渊，如履薄冰"的格外郑重、危惧、戒备的感觉。的确，"儒家的门徒"足以揭示傅雷整个思想的大部分。虽然儒家思想自五四以降，从官方哲学的高位下降之后，影响日渐式微，但是作为中国两千多年来最正统的思想，它已经渗透进政治生活和社会生活的各个方面，可以说已经成为整个中华民族心理深层结构中不可分割的部分，深藏于民族潜意识之中，至今还发挥着巨大的潜在作用。对傅雷那一代人而言，虽然受到欧风美雨的浸洗，但从小受到的儒家思想教育，使他的思想底色仍然是儒家的。

（3）**痛苦的后期**。1958年4月30日，傅雷被定性为右派，被政治体制排斥在外，又开始了"出世"生活。几年来，同傅聪的通信一直不断，傅雷一直是作为一个慈父来教导傅聪，从做人、艺术观念、爱国爱党等方面不断地指导傅聪。但现在他突然变成了社会主义的敌人，成了反党分子，此时的傅雷不知道如何下笔了。此后的几个月中的家书，都是朱梅馥写的。在1958年8月2日的信中，朱梅馥写到了傅雷成为右派后的生活情况：

——爸爸虽然身体不好，常常失眠，你知道他向来是以工作为乐的，所以只要精神身体吃得消，一面努力学习马列主义，作为自我改造的初步，来提高自己的政治认识、理论基础；一面做些翻译的准备工作。不接到你的信，使他魂梦不安，常常说梦话，这一点是很痛苦的。爸爸这一年似乎衰老了许多，白发更多了。我也较去年瘦了许多，常常要脸肿脚肿，都是心脏不健全的迹象。孩子，接到此信，赶快写信来，只有你的信，是我同你爸爸唯一的安慰！

反右之后，傅雷退回到了自己的书斋，闭门谢客，既不为自己鸣冤叫屈，又不参加政治活动、积极向党靠拢以便争取早日"宽大处理"，而是埋头开始了自己的翻译工作，又处于近乎前期与世隔绝的"出世"状态。傅雷关闭了那一扇面对社会政治生活敞开的心之门，只有傅聪的来信才是他"唯一的安慰"。然而，这一丝"唯一的安慰"也很快被残酷的政治风云卷走，1958年底，傅聪出走英国！这对于身处逆境中的傅雷而言带来的不仅是震惊和忧虑，更多的是心灵的折磨和精神的痛苦，从此家书中断。《傅雷家书》中从1958年8月2日—1959年10月1日间出现的这个明显的"空白"和"断裂"，实质上是一种"有意味的形式"，而1959年10月1日，作为家书接续的开端，也具有非常重大的意义。因为那一天是新中国成立十周年的大喜之日，在这一天全中国儿女都应该欢欣相聚，无论他是身在国外还是国内。"家书"在此时重新"开张"，自然承担了祖国母亲"召唤"海外游子的功能，所以傅雷在信中写道：

——孩子，十个月来我的心绪你该想象得到；我也不想千言万语多说，以免增加你的负担。你既没有忘怀祖国，祖国也没有忘了你，始终给你留着余地，等你醒悟。我相信：祖国的大门是永远向你开着的。——在此举国欢腾、庆祝十年、建国十年和建设十年成就的时节，我写这封信的心情尤其感触万端，非笔墨所能形容。孩子，珍重，各方面珍重，千万珍重，千万自爱！

根据有关传记披露的信息，据说还是"周恩来总理"的"特批"，傅雷父子之间的通信才又亮起了"绿灯"。不管这信息的真实程度如何，我们都可以看出，家书打上了政治的烙印，是隐性的政治性的文本。此后，傅雷的家书中政治生活的内容又完全随之淡出，而艺术、人生、家庭、亲情等都成了傅雷阐发的对象。但是，如果稍微细心一点的话我们就会发现在这些家信中，有些方面傅雷很少或几乎没有谈到，归纳下来有三个方面好像是在刻意回避：一是自己的情况，二是国内的情况，三是动员傅聪回国。

1961年，傅家的至亲宋婆婆去世了，傅雷夫妇非常悲伤，在给傅聪的信中写道：

——上月二十四日宋家婆婆突然病故，卧床不过五日。初时只寻常小恙，到最后十二小时才急转直下。人生脆弱一至于此！我和你妈妈为之四五天不能入睡，伤感难言。古人云秋冬之际，尤难为怀；人过中年也是到了秋冬之交，加以体弱多病，益有草木零落，兔死狐悲之感。但西方人年近八旬尚在孜孜矻矻，穷究学术，不知老之"已"至：究竟是民族年轻，生命力特别旺盛，不若数千年一脉相承之中华民族容易衰老欤？抑是我个人未老先衰，生意索然欤？想到你们年富力强，蓓蕾初放，艺术天地正是柳暗花明，窥得无穷妙境之时，私心艳羡，岂笔墨所能尽宣！

我们可以看出傅雷无尽的惆怅，自己的雄心和抱负还没有实现，就已经像是走到了人生的尽头。当时的中国正陷入了巨大的灾难之中，"大跃进"的恶果以及"三年自然灾害"对人们的惩罚已经让整个国家陷入了朝不保夕的饥饿之中，傅雷夫妇也沦落到了食不果腹的境地，1961年4月20日朱梅馥写给傅聪的信中让我们真切的了解了当时的情况：

——爸爸从来不肯有求于人。这两年来营养之缺乏，非你所能想象，因此百病丛生，神经衰弱、视神经衰退、关节炎、三叉神经痛，各种慢性病接踵而来。他虽然一向体弱，可也不至于此伏彼起的受这么多的折磨。他自己常叹衰老得快，不中用了。我看着心里干着急。有几个知己朋友也为之担心，但是有什么办法呢？大家都一样。人家提议："为什么不上饭店去吃几顿呢？""为什么不叫儿子寄些食物来呢？"他却始终硬挺，既不愿出门，也不肯向你开口；始终抱着置生命于度外的态度（我不知道你有没有体会到爸爸这几年来的心情？他不愿，我也不愿与你提，怕影响你的情绪）。……

在1961年8月19日给傅聪的信中，可以真切地看到此时傅雷的悲观情绪以及对人生经历的深沉反思：

——近几年来常常想到人在大千世界、星云世界中多么微不足道，因此更感到人自命为万物之灵实在狂妄可笑。但一切外界的事物仍不断对我发生强烈的作用，引起强烈的反应和波动，忧时忧国不能自已；另一时期又觉得转眼之间即可撒手而去，一切与我何有哉！这一类矛盾的心情几乎经常控制了我：主观上并无出世之意，事实上常常浮起虚无幻灭之感。个人对一切感觉都敏锐、强烈，而常常又自笑愚妄。不知这是现代中国知识分子的共同苦闷，还是我特殊的气质使然。即使想到你，有些安慰，却也立刻会想到随时有离开你们的可能，你的将来，你的发展，我永远看不见的了，你十年二十年后的情形，对于我将永远是个谜，正如世界上的一切，人生的一切，到我脱离尘世之时都将成为一个谜——个人消灭了，茫茫宇宙照样进行，个人算得什么呢！

在这一时期的家书中1961年8月1日和9月2日的两封家书在以往四年的家书内容中中首次涉及国内政治形势以及国家对于农业、教育、文艺方面工作政策的调整情况。但情绪是冷静的，口吻是谨慎的，全然站在了局外人的角度看时事、看政治。

1961年10月5日，朱梅馥满怀辛酸的喜悦告诉儿子傅聪一个好消息：

——我抱着满腔愉快的心情告诉你一个好消息，我日夜盼望的那么一天终于到来，爸爸的问题解决了，已于九月三十日报上发表（就是"摘掉帽子"）。爸爸是一九五八年四月底戴上右派帽子的，他是文艺界中最后一个，当时阿敏就要告诉你，我们怕刺激你，立即去信阻止，所以你大概有些不清不楚。这完全是党的宽大以及他数十年如一日的辛勤工作的结果，但他自己认为谈不上什么自我改造。他认为本来"戴帽子"与"摘帽子"都是他们的事，与他无关。

从信中的叙述可以看出傅雷对"摘帽"却没有半分欣喜，他对这一系列荒诞的闹剧已经充满了厌恶，他早把自己放逐到了"世外"。在同一天他给儿子的信中，根本没有任何关于此事的只言片语，还是谈自己对艺术人生的看法。

对于右派来讲，摘帽并不意味着从此以后没有什么问题了。实际上，摘帽不过是类似于"刑满释放"，它不是平反，它不过是说明党认为你已经改造好了。但无论如何，这也是一种实际的改善，政治压力减轻了，傅雷的心情也舒缓了许多，又全身心投入到了翻译事业之中。平时的闲暇就养花种草和研习书法，到了"躲进小楼成一统，管它春夏与秋冬"的"出世"境界。

在"摘帽"后的几年里，傅雷夫妇生活的还是比较舒心的，他们精神上随着儿子畅游世界各地，孙子的诞生更给他们带来幸福和快慰，但1964年傅聪加入了英国国籍又给夫妇二人心里蒙上了一层阴云，加上1965年开始由于政治原因和傅雷的病痛已经使他无法工作，面临无法生存的问题。傅雷在1965年5月16日家书中说："我们没法适应天旋地转的现代 tempo（节奏）"，但他并不就怎样的"天旋地转"加以说明；他在1965年9月12日信中谈到读卓别林《自传》时"感慨万端"："他非常孤独，我也非常孤独——我越来越觉得自己 detached from everything（疏离一切）了。"当傅雷与主流意识形态保持一段间距的时候，"政治性"隐晦的一面就深藏在家书的字里行间，在"文革"到来之前的政治高气压下，傅雷也只有借助家书这一特殊的形式对那个风狂如刀、霜寒似剑的年月进行曲折的书写。

1966年8月12日的家书是傅雷一生中给儿子的最后一封信，"文化大革命"开场的战鼓已经敲响，向资产阶级思想进攻的号角已经吹响。在信中，傅雷用当时流行的政治术语剖析了自我，一方面这是讲给书信检查者听的，一方面也表现了他对这个时代那种不正常的悲愤与嘲讽、自嘲与控诉，在一个不正常的时代中，正常的人已经很难存在下去了。悲凉、凄怆、无奈，都包含在了这封强颜欢笑的家书之中：

——生活中困难重重，我们必须不断自我"改造"，向一切传统的、资本主义的、非马克思主义的思想、感情与习俗作斗争，我们必须抛弃所有旧的人生观和旧的社会准则。

1966年9月2日傅雷夫妇自尽身亡，在遗书中傅雷写道："光是教育出一个叛徒傅聪来，在人民面前已经死有余辜了！更何况像我们这种来自旧社会的渣滓早应该自动退出历史舞台了！"在这句貌似自责的话语中隐含着傅雷的淡然和反讽。傅雷一生对党、对国家都是一颗赤子之心，但最终儿子成为国家的敌人，自己成为社会的渣滓，面对这样的世界除了一退再退之外没有任何办法，他只有以死来自动退出历史舞台，以自我的毁灭保全自己的人格和做人的尊严。

在那样一个知识分子背叛成风的年代，傅雷之死犹如烛光照亮了黑暗无边的虚无夜空，他以这样独特的方式谴责了背叛知识分子责任的同伴，也以这样独特的方式警戒来者！傅雷是儒家的门徒、道家的传人，也是宗教的敌人、希腊文明的皈依者，是科学理性精神的追随者，更是一个自由独立的知识分子，隐现在《傅雷家书》中他的前期主观自主"出世"经历到后期的客观不由自主的"出世"经历，印证了政治风云的变迁以及作为"人类的良心"的知识分子理想人格的可贵。

（二）书本评价、版本介绍

　　《傅雷家书》的版本变迁，不但在很大程度上还原了傅雷家书的完整面貌，而且间接反映了作品所处的不同时代的环境与文化状况。《傅雷家书》出版四十余年来，其艺术教育、家庭教育等方面的价值被不断地认识和挖掘。特别是20世纪以来，《傅雷家书》以其自由真挚的思想和独立的姿态，以及丰富的内蕴引起了文学界的关注，成为文学界特别的存在。

　　《傅雷家书》自1981年8月由北京三联出版社首次出版以来，最新的《傅雷家书》由浙江文艺出版社于2020年11月出版。在《傅雷家书》问世的四十余年时间里，编者傅敏多次对《傅雷家书》进行增删，使得《傅雷家书》在内容上不断丰富、在情感上不断丰满起来

　　（1）从三联初版本到增补本第二版

　　三联出版社的初版本《傅雷家书》收录书信118封，其中包含一封傅雷夫人给傅聪的信。该信写于1960年2月1日夜，当时傅雷卧病在床，于是傅雷夫人便代丈夫给儿子写了此信。这118封信选自傅聪当时所保存的125封中文信和傅雷给傅敏的2封书信中。而在增补本第二版中，收录书信178封，其中包含傅雷夫人信16封，英文信1封，还有傅雷给傅敏的书信2封。增补本第二版最大的变化是收录了傅雷夫人给儿子的16封书信和傅雷夫妇给儿子、儿媳的英法文书信24封。除此之外，该版还涉及到新发现书信的增加、书信所署日期的调整和部分已收录书信的增删，以及段落顺序的调整。

　　统观这一版增加的书信，内容多涉及对傅聪生活、学习和感情的指导，以及父子二人对艺术问题的讨论。傅雷夫妇二人在信的内容上各有侧重，就像傅敏在初版《编后记》中写到的："爸爸妈妈给我们写信，略有分工，妈妈侧重于

生活琐事，爸爸侧重于启发教育。"

（2）从增补本第二版到辽宁教育出版社插图增订版

从 1984 年增补本第二版到辽宁教育出版社（下文简称"辽教"）插图增订版，之间还有三联出版社出版的 3 个增补本。其中，值得一提的是 1988 年出版的增补本第三版。

根据傅敏写于书后的"第三版后记"，第三版所增加的是附录部分和 7 封傅雷的书信，附录部分增加了傅雷遗书和译者金圣华译注《傅雷家书》的一些体会。

该版本第一次收录了 1985 年春发现的傅雷夫妇的遗书，让读者得以看到他们在离开人世之前的所思所想。

而从第三版到第五版，所增加的是新发现的 14 封傅雷致傅聪在波兰的钢琴老师杰维茨基的书信，从中我们更可以看到傅雷对儿子的关切和对艺术忠诚的向往。辽教插图增订版收录家信 200 封，其中傅雷信 161 封，其中包含傅雷给傅敏信 3 封，傅雷夫人信 39 封。中文信分别为傅雷的 138 封和傅雷夫人的 38 封，其余为英法文信。此版为《傅雷家书》众多版本中，收录家书数量最多、内容最全的版本。

（3）其它重要版本

2012 年天津社会科学院出版社（下文简称"天社科"）二版是傅敏借傅雷诞辰 100 周年之际对《傅雷家书》重新进行的编选。该版本编选了傅雷夫妇给儿子的书信 184 封，其中傅雷书信 143 封，傅雷夫人书信 41 封。此版本删掉了很多傅雷信中提到的现实政治的段落和与儿子闲聊家常的段落。

值得注意的是，江苏文艺出版社 2012 年 6 月同时出版了傅聪版《傅雷家书》，其中所选的傅雷夫妇给傅聪的书信与 2012 年天社科版本相同，但本版的特点是还选入了傅聪给父母的家信。这批家信分两部分，第一部分是延续天社科惯例将傅聪 6 封家信以"不是前言的前言"置于卷首，另一部分是编者选录了傅雷夫妇在世时就傅聪 1954 年—1957 年间的 39 封家信进行摘编，题为《聪儿家信摘录》，分"学习经过"和"音乐讨论"两部分。

(三)阅读的价值意义

《傅雷家书》的阅读价值,笔者认为是"家书"和"傅雷"。

家书当下的情感发酵和穿越时空的情感互通。读一读书信里存留的当年故事,通过字里行间情感的流淌,还原信中人最真诚的模样,感受书信传递的扑面而来的时间痕迹。

而20世纪80年代陆续出版的一些作家的书信与札记让我们看到,包括傅雷在内的知识分子的精神世界仍然是多层面的。五四以来知识分子的精神传统在受到冲击之后并没有自行消失,而是从公开出版的报刊书籍等公众领域转移到了处于边缘、民间乃至地下的私人领域,以书信、札记、日记等私人话语的形式存在。可是,对估量一个时代的精神成果来说,正是这些私人性的文件显示了那个时代人们精神追求的多样性,如《从文家书》《傅雷家书》《顾准日记》《无梦楼随笔》等。

二、阅读目标

(1)建构:学生走进书信,走进傅雷对傅聪的谆谆教诲中,去体悟世间最普世真挚的父子之情;

(2)打破:学习战队合作,共同借助阅读脚手架,完成四个活动。重新建构《傅雷家书》的时代背景和人物活动;

(3)重构:学生在宏观背景下,再次走进《傅雷家书》,建构一个多样性又纯粹如一的傅雷。

三、阅读设计

1. 目标

(1)学生通过搭建的阅读脚手架,学会用文献学知识廓清一位作家或者一部作品的全貌；

（2）学生通过批注阅读，梳理并感受傅聪人物身份的多样性和纯粹性；

（3）学生通过字里行间情感的流淌，还原傅雷为人父为人夫的最真诚的模样，感受书信传递扑面而来的时间痕迹。

2. 准备

（1）师生共读细读《傅雷家书》。摘抄感触较深的书信片段，并在书上做批注；

（2）一个年份的书信阅读结束后，结合摘抄和批注撰写"与书信对话，我……"。

要求：字数不少于400字；批注引用融入撰述中。

3. 过程

活动一：图书馆藏书采购员

华东文鑫大学图书馆近日收到学生图书荐购留言，你作为图书馆藏书采购员会如何帮助到这位同学呢？根据自己的实际情况任选一个分层任务。

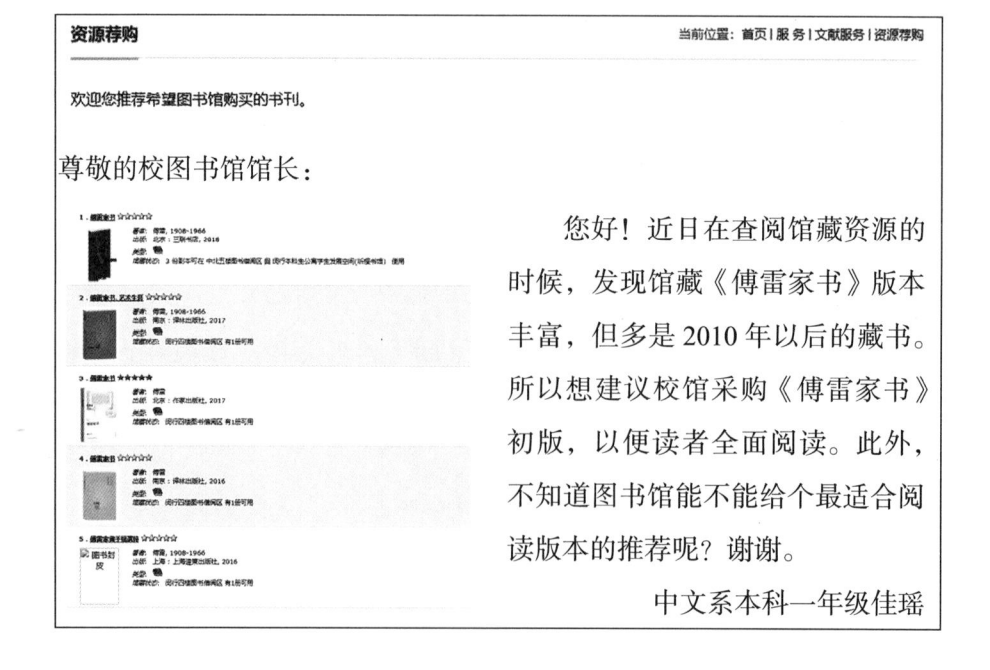

分层任务一　难度★★

结合下面这张版本表格，学习战队尝试以团队为单位收集不同版本《傅雷家书》并作比较。然后写一封回信给这位本科一年级的学生。

表1　《傅雷家书》版本变迁

字数（万）	编著年月	出版年月	出版社	备注
14.6		1981.8 初版	三联出版社（北京）	
21.9		1984.5 增补本		二版
24.8	1954–1966	1988.11 增补本		三版
24.8		1994.9 增补本		四版
27.0		1998.10 增补本		五版
38.0	1954–1966	2003.1	辽宁教育出版社	插图增订本
33.7	1954–1966	2004.7	辽宁教育出版社	
33.7	1954–1966	2006.1	天津社会科学院出版社	
27.7	1954–1966	2012.6	天津社会科学院出版社	

分层任务二　难度★★★★★

学习战队尝试以团队为单位通过网络资源搜索、书店实地咨询等方式列举不同版本并作比较。然后写一封回信给这位本科一年级的学生。

参考：

（1）中国国家图书馆·中国国家数字图书馆（nlc.cn）

（2）高等学校中英文图书数字化国际合作计划 http://www.cadal.zju.edu.cn/Index.action

（3）超星读书–电子书在线免费阅读网站–中文免费电子书阅读网站（chaoxing.com）

（4）读秀系统登录（duxiu.com）

（5）豆瓣：傅雷家书全部版本（32）（douban.com）

活动二：时间轴

学习战队查阅文献资料，将下面的表格补充完整。并绘制傅聪人生起伏折线图。

让我们读起来

	1954—1957	1958—1959	1960—1966
历史大事件 难度★★			
《傅雷家书》 重要家信摘抄 难度★			
傅家家族志 难度★★★			
傅雷人生起伏折线图 难度★★★★			

活动三：《傅雷家书》封面设计

难度★★★★

书籍能够通过空间和时间保存书面文字。然而，通常是他们的封面允许所述书籍留在我们的脑海中。一个摄人心魄的封面必然是深度剖析书稿后诞生的。

《傅雷家书》再版，出版社美编部决定用人物肖像作为封面主体。但是关于如何细描产生了分歧。

作为父亲的傅雷，作为艺术家的傅雷，作为文学家的傅雷……

作为美编部一员，你在书信中渐渐还原一个傅雷形象，用文字写下封面设计的理念。

活动四：家书抵万金

难度★★★

木心《从前慢》写到：从前的日色变得慢。车、马、邮件都慢。一生只够爱一个人。

"好孩子：十七天不接来信，有点着急，不知身体怎么样？你月初到华沙去为我们的国庆演出以后，始终没有信，

从前慢

记得早先少年时
大家诚诚恳恳
说一句 是一句

清早上火车站
长街黑暗无行人
卖豆浆的小店冒着热气

从前的日色变得慢
车，马，邮件都慢
一生只够爱一个人

从前的锁也好看
钥匙精美有样子
你锁了 人家就懂了

词：木心

结果如何?"

"聪:从十月二十一日接到你波兰第七信到现在,已有二十七天,算是隔得最久的一次得不到你的消息。所担心的是你身体怎样,无论如何忙,总不至于四星期不写信吧?"

"聪,亲爱的孩子:多少天的不安,好几夜三四点醒来睡不着觉,到今日才告一段落。你的第八信和第七信相隔整整一个月零三天。我常对你妈说:'只要是孩子工作忙而没有写信或者信在路上丢了,倒也罢了。我只怕他用功过度。身体不舒服'谢天谢地!别笑我们,尤其别笑你爸爸这么着急,这不是我能够克制的。"——摘自《傅雷家书》

家书的慢和急,直至今日都能让我们读信的人感受扑面而来的时间痕迹。傅聪谈到《家书》时说:"《家书》不是每句话都对。那是一个父亲给他的儿子写的家信,那是一个中国的知识分子对儿子讲的话。"

A.去找找父母辈是否还有书信存留,听听书信里存留的当年故事。

B.我们也提笔对当下心里最惦记的人写一封信,寄给时间,感受一份感情在"慢"中发酵醇香。

四、设计说明

整本书阅读的活动设计都是基于学生前期已沉下心啃读完名著。这也是不可跳跃的最重要的一步。所以采用师生共读激发"对话"意识——学生和书本的对话、老师和书本的对话以及师生之间的对话。所有的"对话"都应该是平等的。师生批注摘抄细读名著,走进"森林"以观洞天。

而活动设计就是跳脱出来,纵观森林。《傅雷家书》的价值,一是情感价值,一是艺术价值。傅雷的情感是多重身份赋予的,身份又是时代所压在肩上的责任。信中对于巴尔扎克等文学作品的讨论、莫扎特等音乐家的演奏风格的揣摩等艺术价值是知识分子骨子里流淌的踏实和热爱。

所以四个活动的设计意图依次是:文献学视角下的作品还原、时代背景下的人物再构、"家书文化"中的情感痕迹。

构建"图书馆藏书采购员"的人物设定,还原实际的情境。力图引导学生学会用文献学知识廓清一位作家或者一部作品的全貌。活动（一）对于学习任务要求实际上包含搜集梳理文献和比较阅读。难度是可想而知。所以老师提供了不同层次的脚手架供不同能力的学习群体借用。一是直接提供《傅雷家书》主要版本表格，降低文献搜集难度；二是仅提供信息搜索可能途径。而在同一作品不同时期版本的比较阅读中，学生很容易会生发更多的质疑：例如为什么1984年增补版（第二版）中有新发现书信的增加，为什么要对书信所署日期进行调整，又为什么要对部分已收录书信进行增删，以及段落顺序要调整？2012年天津社会科学院出版社删掉了很多傅雷信中提到的现实政治的段落和与儿子闲聊家常的段落。

学生生疑中清晰版本对于打破还原文学作品的重要意义。活动（二）继而探究《傅雷家书》几近周折背后的时代背景。根据傅雷的人生起伏分为三个阶段：1954—1957、1958—1959 和 1960—1966。

走进这三个时期的书信，品读字里行间"隐性精神面貌"。再跳脱出来，寻求大时代的变革和小人物的命运。

活动三再次设置情境——出版社美编部一员商定《傅雷家书》再版封面设计。这个实际上是在引导学生多角度解构傅雷形象。父亲？翻译家？文学家？音乐艺术爱好者？丈夫？前面的修饰限制性语言，恰恰都在一封封家书中饱满站立着。

最后活动（四）学生去询问父母辈是否还有书信存留，听听书信里存留的当年故事。

通过字里行间情感的流淌，还原信中人最真诚的模样，感受书信中扑面而来的时间痕迹。继而提笔对当下心里最惦记的人写一封信，寄给时间，感受一份感情在"慢"中发酵醇香。体会为什么《傅雷家书》自1983年历经重重困难出版至今都吸引一批批无关乎年龄、领域、阅历的读者们。

钢铁是这样炼成的

——《钢铁是怎样炼成的》阅读活动设计

上海市黄兴学校　贾　焱

一、本书简介

（一）主要内容

尼古拉·阿列克谢耶维奇·奥斯特洛夫斯基——《钢铁是怎样炼成的》的作者，生活在前苏联时代，是伟大的无产阶级革命家、共产主义战士。他出身贫苦，年幼的奥斯特洛夫斯基给人做过童工活计，十五岁时上了战场，灾难接踵而来，先是在战争中全身受到重创，后来又双目失明，过了两年又因为伤病而全身瘫痪。然而令所有人惊叹的是，这位饱受磨难的小伙子并没有被苦难所打倒，反而在困难面前展现了无与伦比的勇气，他拖着自己残伤的身躯，在病榻上用尽心血，耗时三年，写下了传世名著——《钢铁是怎样炼成的》。

本书主人公保尔·柯察金，在一个铁路工人家中出生，年幼时便失去了父亲，他上面还有一个做工人的哥哥，母亲靠给别人做一些洗衣缝补的活计来养家糊口，一家人勉强度日。十二岁的时候，保尔因为在神父家做蛋糕的面团上撒了烟灰而被学校开除了。万般无奈之下，他在母亲的安排下去了车站做杂役，在那里保尔见惯了世态炎凉，受遍了来自所谓的"上层人"的凌辱。此后保尔极其厌恶那些成日花天酒地、欺压底层百姓的有钱人。

不久之后，十月革命的枪炮打到了保尔生活的小镇，红军解放小镇之后很快就撤走了，只留下了一个名叫朱赫来的老布尔什维克，在小镇秘密进行地下工作。这位友好的布尔什维克为保尔带来了活力，他不但教会了保尔拳击，还不断向他传授关于革命、工人阶级和阶级斗争的道理。在朱赫来的影响下，保尔渐渐有了共产主义的革命热情。朱赫来因为叛徒的告密被抓进了监狱，保尔为救他也进了监牢。侥幸逃走之后，保尔为躲避追兵，阴差阳错之下躲入了冬妮娅的花园，两人之间产生了爱情的萌芽。

后来，保尔在家人的支持下加入了红军，先后做过侦察兵和骑兵。他在军队里坚韧不拔，多次面对死亡的危险，又一次次顽强地挺了过来，从没有被困难所打倒。头部受了重伤不能战斗，保尔就转移到后方为国家建设出力，在最艰苦的筑路工程上发光发热。在筑路工程接近完工时，保尔因为长期的拼命劳作，身体每况愈下，已经丧失了工作能力，最后全身瘫痪，接着眼睛也永远失去了光明。病魔将保尔牢牢钉在病床上，却没能将他的意志打倒。在养病期间保尔认识了一位名叫达雅的女民工，二人相爱并结婚了。在经历了短暂的失落之后，保尔迅速振作起来，拿起了新武器——文学创作，在母亲和妻子的帮助下，保尔写成了一部凝结着自己生命的小说——《暴风雨所诞生的》，再一次击碎了生命的桎梏。

（二）书本评价与版本介绍

《钢铁是怎样炼成的》出版后，有众多的名家和报刊给予了高度的评价。法国作家罗曼·罗兰将奥斯特洛夫斯基的名字和"最珍贵、最纯洁的道德勇气"挂钩，表达了最真挚的喜爱；著名作家肖洛霍夫更是将这部著作描述为"一部别开生面的生活教科书"。

《钢铁是怎样炼成的》有很多中文译本，这里介绍一下其中最具代表性的三部。1951年由梅益翻译的版本是中国国内引进的第一个版本，质量很高。虽然由于时代因素有一些不成熟的地方，但瑕不掩瑜，这个版本仍然是我国流传最久、影响最大的，并且之后的译本中，主人公的名字都是沿用此版本。曹缦西、王志棣在1995年翻译出版的版本，主要特点是增加了一些作者手稿中被删减的一些内容。田国彬在1999年翻译出版的版本，在翻译方法上更注重文章的整体效果和可读性，语言风格生动活泼，方便人们理解。

（三）本书阅读的价值与意义

以《钢铁是怎样炼成的》为例，这本书从作者本人到主人公都透露着一股不服输的倔强、一种坚韧不拔的意志，这对于我们的人生成长都具有重要的指导意义。作为读者，我们能从这部书中感悟到许多优秀的品质，有对贫苦大众的同情心、有坚定的信念感、有百折不挠的奋斗精神。"向阳而生"是自然界生物的本能，每个人都渴望接近光明，而在阅读这部著作之后，相信"保尔"也能成为我们心中的光明，因而当我们与书中的人物发生共情，便会自然而然地为保尔的精神所感动，从而激励自己向他学习，使自己的意志和人生境界获得提升。放到长远来说，阅读这本书的价值意义正如保尔的那句名言一般"人最宝贵的东西是生命，生命属于人只有一次。人的一生应该是这样度过的：当他回首往事的时候，他不会因为虚度年华而悔恨，也不会因为碌碌无为而羞耻。这样，在临死的时候，他就能够说：'我的整个生命和全部精力，都已经献给世界上最壮丽的事业——为人类的解放而斗争'"。

二、阅读目标

（一）了解核心和关键内容

阅读一本书最基础也是最重要的目标就是要了解书本核心和关键内容。一部优秀的著作即使是明线与暗线夹杂，必然有着清晰的脉络与明确的主题，一次完整的阅读离不开对于作品"主题"的掌握。

《钢铁是怎样炼成的》的主题正如它的名字一般简单直白，就是"生命的意义"。生命有很多意义，而保尔用自己一生的奋斗经历告诉我们，生命最大的意义在于"奉献"。不过，我们从保尔的身上不只是能读到奉献，我们还能读到隐忍、坚韧、善良、憧懂等许多美好的品质，正所谓"一千个人眼中有一千个哈姆雷特"，自然而然地一千个人眼中也会有一千个保尔。因而，我们要以自身的知识和经历为基础，去感悟《钢铁是怎样炼成的》这本书的核心主题和关键内容。

（二）了解阅读的基本方法

读书是要讲究方法的，切忌囫囵吞枣与粗枝大叶。读书不只是为了获得知识、拓宽视野，更重要的是为了丰富自己的人生内涵。

首先必须形成正确的读书观念，端正读书的态度。我们要养成这样一个习惯，那就是在阅读完一本著作后，可以自己思考四个问题：书的主要内容是什么？书中的哪一部分或者说哪一情节最吸引你？我们能从书中获得什么感悟？你认为这部书最出色的地方在哪？这四个问题能够更好地帮助我们形成正确的读书观念，将书本的内容与知识融会贯通。

其次就是要掌握阅读方法，进行有效学习。科学合理的阅读方法能使得阅读事半功倍。针对学生群体的特性，这里介绍一套系统的阅读方法，它具有很强的实用性。该方法包括四个步骤：划重点内容、摘抄语录段落、写读后感、活学活用。第一步划重点内容，可以通过不同类型的线段来区分不同级别的重要内容，从而梳理出书本的脉络；第二步摘抄重要内容，是选择对自己而言有重要意义的内容，或是主旨内容，或是能和灵魂产生共鸣的语句；第三步读书笔记，通过写作将书本的内容化为己用；最后一步活学活用，是在前三个步骤完成得非常好的基础上，将整本书的内容融会贯通，收纳入自己的知识体系中，最终应用于生活实践。

（三）培养阅读的基本能力

阅读能力包括很多方面，最基础的包括三个方面的内容：一是认读能力，认读能力是阅读任何书籍的基本能力；二是理解能力，对书籍的主题、题材、人物、情节以及体裁、结构、语言和手法有基本的理解和把握；三是鉴赏能力，即对书籍文字、思想等内容的欣赏能力。

就本书而言。在学生阅读之前，要激发他们对于本书的兴趣，调动阅读的积极性。要努力激发起对于"保尔"和他的伟大事迹的兴趣。其次要对学生进行及时的阅读指导。学生在阅读时免不了会碰上一些小问题，例如有的学生不了解"苏维埃""十月革命"等相关内容，这会让整体的阅读效果大打折扣，教师这时候要给予及时的帮助。还可以举办各项交流活动，让学生在与同学伙伴的讨论中巩固、升华知识。教师可以遵循学生的心理特点，举办一些类似于"读书交流会"的活动，让学生彼此交流书本的内容、阅读的方法等等，从而使学生的阅读能力获得更好发展。

三、阅读设计

（一）阅读目标

1. 制定合理的阅读计划，可采用批注等方式详细阅读《钢铁是怎样炼成的》，以此培养阅读外国文学作品的经验。

2. 要了解主要内容，掌握书中精彩的部分和熟读名言警句；学会评价书中代表人物的形象特征；体会书中主角保尔身上所蕴含的精神力量，学习他高贵伟大的品质。

3. 通过摘抄、答疑、写心得等活动，深入了解小说人物的内心，学会分析人物的特点，思考保尔坚强意志的形成原因，提高语文的阅读实践能力。

（二）阅读准备

1. 通过阅读书本的前言、后记、附录等内容，以及要求学生自己查找相关资料，了解创作《钢铁是怎样炼成的》的时代背景和作者本人的人生经历。

2. 确定《钢铁是怎样练成的》阅读活动的主题为"学习优秀品质"，指导学生把握住阅读的重点和难点。

（三）阅读过程

第一阶段（两课时）：串点成线理内容——写提要
第一课时

1. 阅读课本133—134页知识短文，及《钢铁是怎样炼成的》的导读及结语部分。尝试为《钢铁是怎样炼成的》编写"百度词条"。

提示：词条中可包含作者、作品、主要内容介绍、意义等信息，字数在 200 字左右。

2. 通过多媒体展示部分学生的"百度词条"，要求全班学生交流，从而使学生能更好地把握名著的整体内容。

第二课时

1. 学生自由分享在初步阅读过程中遇到的阅读障碍，教师有针对性地进行解答，让阅读能力较好的同学帮助能力差的同学答疑解惑。

针对本书内容，预设学生的疑难点多在于：人物众多，关系复杂，情节混乱。

2. 串点成线，扫清阅读障碍（两人一组合作互助）

阅读任务 1：梳理人物关系和概括事件。

具体要求：同学们小组合作绘制"保尔的成长经历图"。

以保尔为中心，展开他的人物关系网。从亲人、友人、爱人、敌人四个角度找出和其有关的主要人物，并能够简单概括主要事件。

阅读任务 2：分析人物形象和故事情节

具体要求：请学生挑选一个书中的主要人物，并谈一下对此人物的看法（务必要有理有据），寻找每个人物的人格魅力，并让学生探讨一下书中的一些情节设置究竟优秀在何处。

3. 成果展示：举办一场小型选拔赛。

将学生绘制完成的人物关系图在全班展示，让学生们交流点评，选出其中公认的最完善合理的，予以奖励。

第二阶段：（两课时）不动笔墨不读书——批注、摘抄
第三课时

1. 教师挑选书中的一部分精华内容，组织学生自主阅读，要求学生在阅读时做好批注与摘抄。

2. 教师对阅读的内容进行划分，让学生彼此之间进行交流旁批。（花费 0.5 个课时）之后阅读剩下的内容，再用 0.5 课时继续交流。

第四课时

1. 部分学生上台展示，每个学生选两处自己最满意的批注与全班同学交流。

2. 挑选书中一些比较精彩的、有代表性的情节，将之设计为小戏剧，组织学生演绎，（数目控制在三个左右）通过身临其境的表演加深他们对于人物和情节的感情共鸣。

第三阶段：（三课时）精读定点立专题——写心得

第五课时

专题一：勾勒英雄保尔的成长经历，探讨小说的主题。

通过阅读全书的内容，将保尔的成长经历梳理出来，可以采用列提纲或写人物小传的方式来进行。

对于梳理《钢铁是怎样炼成的》的主干内容，可以设置四个线索进行引导，分别是：少年保尔的生活与反抗、战士保尔在战场上的英勇身姿、建设者保尔的无私奉献、钢铁战士保尔与命运的斗争。让学生在这四个框架中不断填筑具体的内容，最终将小说的主要情节串联起来。

第六课时

专题二：提炼分析主人公保尔的形象，详细分析他的优点和缺点。

摘录书中描写保尔不同形象的句子或段落，以此为基础分析保尔整个人物的形象特征。

例如：保尔的生命是无比顽强的，他拒绝了，勇敢地拒绝了死神。

他这辈子过得还挺不错，当然，由于愚蠢，由于年轻，更多的是由于无知，也犯了不少错误。

伤寒没有能夺走保尔的生命。保尔已经是第四次跨过死亡的门槛。

从这些话语中，我们能够勾勒出一个鲜活的保尔形象，他拥有着过人的坚强意志力，不向生活的磨难低头；他也因为无知犯过错，甚至一度懦弱得想要自杀；他看起来非常完美，却有着不懂得珍惜自己身体健康的缺点，然而正是因为这样的矛盾，才使得保尔这个形象更加的生动。

第七课时

专题三：揭示小说的精神实质，探讨这样的"红色经典"在当下的社会环境中有何现实意义。

学生来朗诵一些他们认为比较精彩和有意义的语段，也可以由教师展示一些自己感触颇深的段落，来探讨这部"红色经典"在当下的现实意义。

例如书中的一段语录：钢是在烈火里燃烧、高度冷却中炼成的，因此它很坚固。我们这一代人也是在斗争中和艰苦考验中锻炼出来的，并且学会了在生活中从不灰心丧气。

这段话的诞生有其特定的时代背景，而中国与前苏联同作为社会主义国家，共同信仰着马克思主义，所以我们同保尔更能达到更深处的灵魂共鸣，更能体会到他身上的伟大奉献精神和不屈战斗精神。作为个人，这是我们前进的巨大动力；对国家，这是民族发展进步的根本保障。"保尔精神"永远不会过时，要永远以保尔为榜样。

（四）活动总结

在活动的最后，教师举办一场读书报告会，对整场读书活动进行总结。
1. 由各个小组推荐一位优秀者发表读书感言；
2. 教师对每个小组代表的发言进行点评；
3. 全班一起观看电视剧《钢铁是怎样炼成的》片段《筑路》，并比较小说和电视剧之间的差异；
4. 推荐展示优秀的读书笔记；
5. 总结整个活动的情况，表扬在各个环节中表现出色的学生，颁发"阅读小能手"奖状。

四、设计说明

《钢铁是怎样炼成的》这样的读物对于学生的良好发展有多方面的影响，它能让学生从保尔身上学到许多优秀的品质，比如善良、奉献、坚韧。《王子复仇记》中有一句台词是"人不可被命运所左右"，而保尔用他顽强奋斗的一生践行了这句话，相信学生能从中感悟良多。

本阅读活动设计基于以下考虑：首先，在新课程标准下，教师应当树立起正确的"学生观"和"教师观"，认识到学生是发展中的人，不能一味用僵化的眼光去看待学生，要看到学生的成长，积极地帮助他们，要看到学生身上的"个性"，不能再采用过去"一刀切"的方式教育，要尊重学生的个性，因材施教，积极开发学生的各项潜能；其次，教师要改变过去那种"课堂主人"的观念，培养学生的主动性，把课堂归还给学生，让他们能够畅所欲言地表达自己的思想。从另一方面来说，学生也是渴望认同的，教师更应该做好"引路人"的工作。例如，在这次阅读设计中，教师不会去干预学生的阅读思维，不会强硬地定下必须要学生从保尔身上获得某种品质这样的目标，而是让他们畅所欲言，力求取得良好的教学效果。

土地和太阳的歌者

——《艾青诗选》阅读活动设计

上海市复旦实验中学　陈碧君

一、本书简介

1. 主要内容介绍

《艾青诗选》是诗人艾青的一本新诗选集。艾青（1910—1996），原名蒋海澄，浙江金华人，是中国现代诗歌史上的一位重要诗人。在这部诗集中，土地与太阳、苦难与渴望、光明与阴影、寒冷与燃烧构成了他诗歌主要的叙事内容。他深沉忧郁地唱出了祖国的土地和人民所遭受的苦难和不幸，蕴含着深沉而真挚的爱国情怀，并由此唤起人们心中含泪的爱和希望。

这本诗集充分反映了诗人从上世纪30年代到"文革"结束后"归来"的创作历程和风格特征，特别是早期诗歌的艺术特征。诗人将跌宕起伏的情感和具体可感的意象相融合，以独有的艺术特色和情感内涵吸引着一代又一代的读者。诗人的主要代表作品有：《大堰河——我的保姆》《雪落在中国的土地上》《我爱这土地》《黎明的通知》《向太阳》《光的赞歌》等。

（1）丰富鲜明的意象

艾青很善于选择富有表现力的意象，传达出浓烈的情感和独特的思考。诗人借土地、太阳、黎明、火把和旷野等及与之相关的内容，表达驱逐黑暗、向往光明、坚持斗争、争取胜利等美好的愿望，以及刻骨铭心、至死不渝的深沉的爱国主义感情。如：

土地：代表作《我爱这土地》，象征诗人对祖国即大地母亲最深沉的爱，对劳动者的爱。

太阳：代表作《太阳》《向太阳》，象征中国光明前途的象征，也是诗人中国必胜信念的象征，表现了诗人对黑暗的旧社会的痛恨以及对光明、理想、美好生活的向往和追求。

黎明：代表作《黎明的通知》，象征着诗人和处于黑暗之中的民众对光明、胜利的渴望。

（2）忧郁深沉的感情基调

"忧郁"渗透诗人的灵魂，也是艾青诗歌艺术特征的基本特征之一，我们称之为"艾青式的忧郁"。这种"忧郁"常通过诗歌的氛围表现出来，如贫瘠的土地、漆黑的深夜、枯死的树木、干涸的河流、荒芜的田野……然而这种忧郁并不是消极的，而是浸透了诗人对国家的热爱、对民族的关注、对人民的悲悯，给予读者一种"深沉"的力量，表现了他对美好生活的执着追求。

（3）散文化的语言风格

"散文美"是艾青诗歌的形式和语言追求。他主张不受拘束地表达感受，他的诗没有一定的格式和句式，不押韵，用语自然，但是又运用有规律的排比、反复来表现一种变化中的统一。诗中含有大量的设问、呼告、对话、引语等，真切感和表现力极强。如《大堰河——我的保姆》中，全诗共13节，一节从4行至16行不等，一行少则2个字，多则22个字，全诗没有押韵，但每一节首尾句短而重复，中间几行基本采用排比句式，多用长句，能够更好地抒发情感。

2. 诗人及诗歌评价

艾青从上海黑暗的牢狱中寄出的一首首以生命点燃的光焰熠熠的诗篇，倾诉了一代人的抑郁、忧伤、悲愤和理想，因而被誉为歌唱民主和战斗的"吹芦笛的诗人"。

——牛汉

艾青，就正是这样的一个诗人：他的诗外表自然是极知识分子式的，但他的本质和力量却建筑在农村青年式的真挚、深沉，和爱的固执上，艾青的根是深深地植在土地上。

——冯雪峰

艾青的诗，好在那雄浑的力量，直截了当的语言，强烈鲜明的意象。

——聂华苓

3. 版本介绍

（1）《艾青诗选》最早于1955年1月人民文学出版社出版，收录的全是中华人民共和国成立前（1932—1945）艾青创作的诗歌作品。

（2）后来，《艾青诗选》于1979年7月由人民文学出版社重新出版，作者抽换和删除1955版部分诗歌，增加了新中国成立后的部分"政治抒情诗"和文革后"归来"创作的部分新作。

二、阅读的价值意义

1. 思想情感价值：

艾青的诗歌追崇真、善、美，核心意象中的"土地"凝聚着诗人对祖国、大地母亲最深沉的爱；"太阳"则表现了诗人对光明、理想、美好生活热烈而不息的追求。这种与国家民族同呼吸共命运的爱国情，这种对美好生活热烈的向往，都激荡着青年学生的内心，唤起一个时代的共鸣。

2. 审美鉴赏价值：

艾青是一个语言与形式的创造者。艾青诗歌将叙事、对白和抒情融为一体，形式自由、语言鲜活、口语化，追求随诗情而产生的"内在旋律美"，以及与诗行内在的节奏、音律与意象相一致和融合的色彩感受。诗作鲜明的色调、清晰的线条，呈现出素描一般的简练却又不失庄重。在感受、品读诗人凝练饱满、富有张力和色彩感的诗歌语言过程中，积累语言并提升审美鉴赏能力。

3. 思维发展价值：

《艾青诗选》阅读活动的设计聚焦核心问题"表达情感"，从整体感知诗集内容和特点、到通过核心意象把握诗人情感和诗歌主题，深入分析语言形式、色彩等艺术风格对表达情感的作用。这样由浅入深理解诗集特色、并习得诗歌阅读路径的过程，对于学生在阅读思维活动中提高形象思维能力、逻辑思维能力有重要意义。

三、阅读目标与阅读路径

1. 阅读目标

（1）初步梳理诗选中诗人的不同创作阶段、时代背景、个人经历和主要代表作，感知艾青生平及创作的基本情况；

（2）归纳诗选中的经典意象，初步感知诗歌的选材范围和情感内涵，进而把握诗歌的主要主题；

（3）探究诗选的艺术风格特色，理解语言形式与思想情感之间的关联；

（4）分析并阐释艾青诗歌的特点。

2. 阅读路径

明确阅读核心问题 ⇨ 梳理阅读问题链 ⇨ 分阶段设计阅读任务

3. 阅读核心问题及相应问题链、阅读任务

《艾青诗选》表达了诗人内心哪些情感

问题1：艾青诗歌经历了怎样的发展过程？	任务1：梳理《艾青诗选》"生平年表"
问题2：艾青诗歌的经典意象有哪些？	任务2：鉴赏《艾青诗选》"高频"意象
问题3：艾青诗歌表达了哪些主题？	任务3：编选同主题诗歌选
问题4：艾青诗歌的艺术风格有何特点？	任务4：探究艺术风格
问题5：艾青诗歌给"我"带来怎样的感受？	任务5：展现阅读体会

四、阅读活动过程设计

◎ **知人论世：初步感知《艾青诗选》主要内容和创作背景**

任务1：梳理《艾青诗选》"生平年表"

要求：结合《艾青诗选》的序言、导读、后记，以及艾青的人生经历和其诗歌创作的四个阶段，以时间轴为支架梳理艾青的人生经历和其诗歌创作的四大阶段。

任务推荐形式

《艾青诗选》"生平年表"				
创作阶段	时代背景	诗人经历	代表作品	最喜欢的诗
创作早期（1932—1937）	侵华日军侵占中国东北，国民党政府采取不抵抗政策；中国共产党在全国范围发起武装斗争；中央红军主力开始长征；西安事变与卢沟桥事变爆发……			
___时期（1937—1945）		投身抗战救亡革命浪潮，从上海到武汉、西安、桂林等地参加抗日救亡运动；1941年春"皖南事变"后奔赴延安，主编《诗刊》。		
停滞时期（1945—1979）			《鱼化石》《礁石》《帐篷》	
___后（1978—1984）	改革开放第一阶段			

任务2：朗读"最喜欢的诗"

请同学们选择一首最喜欢的艾青作品，并配音朗诵，上传发布到班级活动分享平台。

（可以单独朗诵，也可以小组合作朗诵）

◎ **感知意象：把握经典意象，初步理解情感**

任务1： 用思维导图整理《艾青诗选》中高频出现的经典意象和主要特点。

推荐形式：

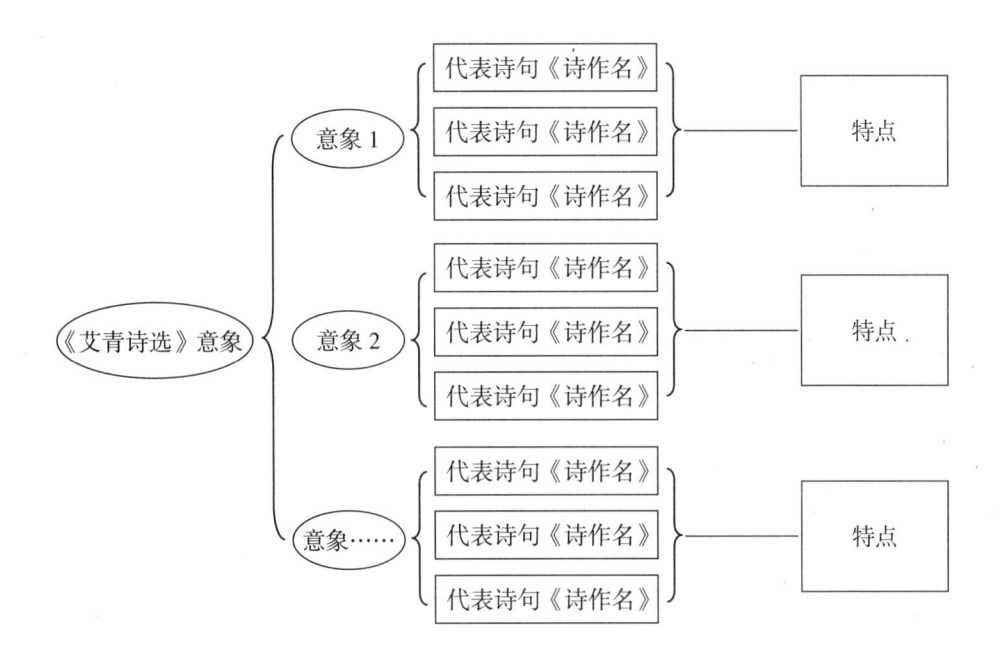

```
                    ┌─ 代表诗句《诗作名》─┐
          ┌─ 意象1 ─┼─ 代表诗句《诗作名》─┼─ 特点
          │         └─ 代表诗句《诗作名》─┘
          │         ┌─ 代表诗句《诗作名》─┐
《艾青诗选》意象 ─┼─ 意象2 ─┼─ 代表诗句《诗作名》─┼─ 特点
          │         └─ 代表诗句《诗作名》─┘
          │         ┌─ 代表诗句《诗作名》─┐
          └─意象……─┼─ 代表诗句《诗作名》─┼─ 特点
                    └─ 代表诗句《诗作名》─┘
```

任务2： 结合具体诗作鉴赏意象的情感内涵。

意象	
所属诗歌	
情感内涵	
小组评价（5星）	

◎ 理解诗歌主题，小组合作编订微型诗选集

流　程	示　例
诗歌主题	爱国之情
给诗集命名	"土地情，爱国心"
为诗集写序言	他是诗坛巨子，他是土地的儿子。他关注底层大众，他心系中华民族。他的"眼里常含泪水"，因为他"对这土地爱得深沉"。他用文字诉说人间大爱，他用胸怀展现世间真情。土地的忧郁，苦难的国家，即便是"嘶哑的喉咙"也要歌唱，坚贞不已，至死不渝。
确定诗集篇目	《我爱这土地》《向太阳》《黎明的通知》《愿春天早点到来》……
为诗集封面、诗歌配图	

◎ 品味艺术风格，体会表达情感的语言特色
任务：小组合作完成"艾青诗歌风格报告单

关于艾青诗歌　　　　　的研究报告
（横线填写研究的主题，如"句式""抒情特点""色调""语言风格"等）

摘抄区（摘抄能体现研究主题的诗句）	句式 1. 长句☐　2. 短句☐　3. 长短句☐ 语言特点 1. 设问式☐　2. 呼告式☐ 3. 对话式☐　4. 其他☐ 色调 1. 灰黄等暗淡色调☐ 2. 金黄等明亮色调☐ 3. 其他☐　　　　 抒情特点： 1. 直抒胸臆☐　2. 借景抒情☐

小组的研究发现（150字左右，根据你所选择的研究主题和摘抄诗句，分析艾青诗歌在这方面的特点和表达情感的作用，写出你们小组的研究发现）

◎ **分享阅读体会，展现"我眼中的艾青诗歌"。**

任务：任选一种形式，展现你的阅读体会和收获。

参考形式：《艾青诗选》阅读小报、艾青诗歌推荐语（100字左右）

艾青诗歌短评（如情感之美、意象之美、语言之美、画面之美等，300字左右）

五、阅读活动设计说明

《艾青诗选》是一部新诗集，所以在阅读设计时，重点关注"诗集阅读路径"。从梳理诗歌创作阶段、感知诗人生平经历开始，从诗歌和核心意象入手、结合具体诗句品析诗歌的情感；进而把握诗歌的主要主题，深入理解阅读诗歌的核心：诗人想要表达怎样的情感；探究诗人在表情达意上的特点；最终形成学生自己的阅读心得和体会。整个过程遵循依体而教、循序渐进、小组合作与自主探究相结合和学以致用的基本原则，重在阅读方法的传授和建立良好的阅读体验。

史诗般的广阔

——《水浒传》阅读活动设计

上海市黄兴学校　贾　焱

一、书本简介

（一）主要内容

　　《水浒传》是一部长篇历史小说。一般认为该书是由施耐庵所著，也有人认为是施耐庵与罗贯中共同撰写了此书。《水浒传》以古时封建王朝时期的农民起义作为题材，极为生动地表现出了古时农民起义从发动到辉煌再到最后衰亡的全过程。故事一方面展现了对起义军英勇反抗精神的颂扬，一方面又深刻揭示了农民起义军最终走向失败的根源，因而无论是在内容描写上，还是思想艺术上都极具研究价值。

　　全书的主线围绕农民起义展开，一步步向前推进。108位英雄在黑暗的社会中遭遇到了形形色色的不公与困境，最后殊途同归，走上梁山。这些英雄的经历虽然大不相同，但他们最后都从黑暗的世道中醒悟，实现了个体反抗思想的觉醒。梁山水泊在这样的个体觉醒中逐渐成型，最后发展成为一场盛大的农民起义。这一过程生动体现了"官逼民反"这一历史规律。作者站在起义者的角度，从他们的视角出发，向人们描绘了梁山水泊起义者们劫富济贫、除暴安良的正义行为。

　　作者在此过程中，塑造了许多个性鲜明的英雄人物形象。例如书中的灵魂人物宋江。他本是一位热衷于扶危济困的义士，后来走投无路上了梁山，很大程度上发扬了梁山泊的声威，但是他性格中有懦弱的一面和思想上的局限，导致他在起义事业到达最高峰时选择了被朝廷招安，最终在遗憾中葬送了起义大业，自己也被赐毒酒而死。作者在活灵活现塑造这一人物的同时，也在宋江身上阐发了古时农民起义为何大都走向失败的深层原因。除了宋江，书中还对诸如高俅这样的反派和田虎、王庆、方腊等其他地区的农民起义军也做了大量的侧面描写，展现了封建王朝背后的各种社会乱象，极大地丰满了人物与情节。

（二）书本评价、版本介绍

《水浒传》的版本比较复杂，流传下来的就有七种，大致有100回、70回、110回、102回等，这几个版本又可以分为四大类。第一类为"文繁事简本"，通俗来讲就是文字多但故事少；第二类是"文简事繁本"，即文字相对来说比较简略，描写的手法很粗糙，但它的故事却增加了；第三类是"繁简综合本"，这一版本可谓是取前两个版本的长处，既完整了故事，又润色了文字；第四个版本是"腰斩删改本"，是明末清初由金圣叹整理出来的，所以该版本中加入了大量的改写和人物理解，一度很受欢迎。

《水浒传》在中国文学界的地位不言而喻，位列四大名著之一，鲁迅、毛泽东等人都曾对其有过高度评价。就连国外的文学家也对其极尽赞叹，美国作家赛珍珠曾评价《水浒传》是"中国生活伟大的社会文献"；阿根廷作家博尔赫斯曾专门撰文对《水浒》进行过点评，认为《水浒》的情节有"史诗般的广阔"。

三、阅读设计

（一）阅读目标

1.要求学生运用自身的方法，定制合理的阅读计划，并采用批注等方式详细阅读《水浒传》，以此培养阅读历史小说的经验。

2.要了解书的主要内容，掌握书中诸如景阳冈打虎等精彩的情节；学会评价书中代表人物的形象特征。

3.通过摘抄、答疑、写心得等活动，深入了解小说人物的内心，学会分析人物的特点，提高语文的阅读实践能力。

（二）阅读准备

1.6周看完《水浒传》，每周做10处旁批。前4周的阅读任务以个人阅读、批注为主，完成整本书专题阅读活动，最后进行交流批注和阅读心得体会。

2.了解创作《水浒传》诞生的时代背景以及作者本人的人生经历。

（三）活动过程

第一阶段（两课时）——对小说进行整体理解，概括其主题内容
第一课时

1.带领学生进行角色扮演，选出一位或者多位学生轮流扮演《水浒传》的作者施耐庵，借着作者的口吻，向全体学生介绍自己的身份，以及为什么要创作《水浒传》这本著作。（时间不应过长，控制在20分钟内）

要求：

（1）扮演者务必做好功课，同时注意表达内容的知识性和表现方式的幽默性，不可过于死板；

（2）台下的学生可以随时向"施耐庵"进行提问，了解关于《水浒传》的相关知识；

（3）教师可从旁辅助，在台上的"施耐庵"无法回答台下学生提出的问题时，予以帮助，并完善内容；

（4）此环节在简洁精炼的同时务必要做到精彩，达到吸引学生、激发积极性的目的。

2.表演结束后，请全班同学进行讨论补充，并谈一下自己对于《水浒传》这个故事的独特理解，或者是自己在阅读该著作时发生的一些故事，从中获得的一些新的体验。

要求：学生谈论的内容不必拘泥于一个固定的部分，可以是一个人物，可以是一段出色的故事情节，也可以是对书中某一段精彩的文字描写。

第二课时

1.教师挑选书中一些文学价值高、且优秀的故事情节（可设置在三四个左右），让学生当堂进行重新阅读，同时挑选不认识的生字生词，和不理解的故事背景，并做好阅读笔记。

要求：

（1）在所有的阅读任务结束后，教师对全体学生的阅读难点进行统计，并给予细致的解答；

（2）为锻炼部分阅读能力较高的学生的能力，可以让这部分学生在力所能及的范围内帮助能力较差的学生解决问题。

（预估学生存在的问题：生僻字词、部分文言的表达，错综复杂的人物关系）

2.由教师带领学生串联《水浒传》中108好汉大致的经历，由此编织出一张完善的情节网，并简单阐发该著作的内在主题——官逼民反（借鉴）。

要求：

（1）在串联人物经历时要有侧重点，像宋江、林冲、武松等重要人物的经历要细致些，不影响故事情节的人物可酌情一笔带过；

（2）编织情节网和总结主题的过程可由学生进行主导，教师只需在最后给出一个参考答案，充分发挥学生的能动性。

3、成果展示：举办一场小型的选拔赛。

教师将学生绘制完成的人物关系图后在全班进行展示，并让学生们进行交流点评，选出其中公认的最完善合理的，予以奖励。

第二阶段（两课时）——详细了解小说中的人物与故事，体会他们的人格魅力

第三课时

1.教师用多媒体展示戴敦邦笔下的水浒人物（重点展示以宋江、吴用为代表的重要人物），帮助学生认识。这一环节可以采用多种形式，下面简单罗列几种。

活动一：设置一个问答环节，通过展示的多媒体图片或者给出一段文字，

让学生根据这些人物的特点判断他们的身份。（教师展示的人物形象务必要清晰，要清楚地表现出每个人物的特点）

例如：此人自幼父母双亡，之后为卢俊义所收养，精通吹箫与唱歌，其箭术更是百步穿杨，曾与李师师结拜为姐弟，并面见了宋朝皇帝，在宋江的招安大业中立下了汗马功劳。——他是浪子燕青

活动二：考查并帮助学生了解梁山好汉的绰号，在让学生进行人物的绰号判定时，可采用连线的方式，给出人物与绰号，随机抽取几位学生到黑板上进行连线。

例如：小李广　神行太保　矮脚虎　花和尚　浪里白条　青面兽

杨　志　鲁智深　戴　宗　花　荣　王　英　张　顺

2.教师用多媒体播放影视剧《水浒传》的一些著名情节（限制在两个为宜），例如武松打虎、智取生辰纲、倒拔垂杨柳等，这可以帮助学生更直观地了解书中的情节故事，也可以采用连线的方式来对学生进行考查。

要求：选取的情节务必有代表性，且整体内容完整，若有不当之处，教师可进行剪辑；在学生观看视频之后，请学生畅所欲言，对故事情节或故事中的人物进行评价，之后在此基础上指导学生对书中的内容进行精读。

例如：（1）指导学生精读《武松打虎》的精彩片段，让学生在阅读时抓住题眼，能真正读出故事中的精彩

（2）要求学生列举出一句自己认为极其出彩的句子，且全班同学之间可以互相交流讨论，从而体会武松打虎的英勇无畏，从而激发学生对英雄的崇拜

（3）设置一场朗诵，让几位同学（三位左右）有感情地朗诵该故事，加深学生对于故事的理解和积极的情感体验

第四课时（将全班学生分为两个大组）

1.在上述课程之后，第一个大组对书中主要人物的经历进行总结，并从中寻求他们"被逼上梁山"的联系，最后由小组派出代表向全班同学进行总结，也可由教师将总结的结果在多媒体上展示出来。

例如：宋江：① 私放晁盖，② 怒杀阎婆惜，③ 浔阳楼题反诗，④ 三打祝家庄，⑤ 夜打曾头市，⑥ 大破连环马。

鲁智深：① 拳打镇关西，② 倒拔垂杨柳，③ 大闹野猪林。

武松：① 斗杀西门庆，② 血刃潘金莲，③ 醉打蒋门神，④ 大闹飞云浦，⑤ 血溅鸳鸯楼，⑥ 除恶蜈蚣岭。

（教师在此环节中要注意调度学生的积极性，对学生的表现及时给予鼓励）

2.第二个大组在人物的经历总结之后，探讨总结出主要英雄人物的性格特点，并分析总结他们性格中的共同之处和不同之处，活动方式如上，教师可以提供表格，供学生填充。

例如：

	共同之处	不同之处
李逵	性格暴躁、嫉恶如仇、侠义心肠、爱打抱不平	看似粗心，实则非常细心，为人潇洒豁达，心中明理
鲁智深		无比莽撞、热血上头、直率不懂变通、头脑简单

	共同之处	不同之处
武松	智谋出众，武力值高	恩怨分明，胆量高
林冲		性格死板，过分循规蹈矩

（在选择人物进行性格比较时，要将性格经历等有相似之处的英雄放在一起，不能天马行空地进行比较）

第三阶段（三课时）——学习创造性阅读，表达独特的思考与发现

第五课时

1.让学生任意选择一个角色，并代入角色的性格和经历，发挥想象力，为书中的人物找寻一个不同的结局，这样做是为了培养学生的表达能力和思考能力。一千个人眼中有一千个哈姆雷特，阅读经典切忌死板附和，要读出自己的独到发现。

例如：可以这样示范，假如我是宋江，我一定不会选择招安，因为我知道朝廷的腐败已经深入到根子里，招安不过是权宜之计，之后定会带来更加惨烈的报复，我要用我自己的方式，带领着我的兄弟们为国家谋和平，为百姓取安定等。

第六课时

1.请学生站在多个角度，对书中的人物和故事情节进行评价，务必要打破人云亦云的思维定式，改变单一的思考方式，学会从多个角度去看待问题，让学生学会质疑和创新，可以设置如下问题让学生进行思考。

例如：（1）宋江究竟是英雄还是小人，他对于梁山泊聚义是否真的做出了贡献，请结合书中的具体情节进行评价。

（2）《水浒传》的故事发生在我国的北宋时期，结合当时的历史背景，谈谈你对梁山泊聚义是否是正义的看法。

（3）人无完人，《水浒传》中有不少英雄人物都有黑历史，死在他们手上的无辜百姓并不少，如何看待这种现象？

（4）在招安之后梁山的108位好汉大都惨淡落幕，宋江也饮毒酒而亡，如何看待他在死前让李逵喝下毒酒的做法？

（教师在设置问题时，尽量有深度一些）

第七课时

1.教师从网络上摘录几篇《水浒传》的长篇文评，学生也可在网络上选择一些优秀的文评，让学生思考为什么梁山好汉落得个凄凉的下场？他们悲剧命运背后的深层原因又是什么？

文评列举：《水浒传》悲剧的文化解读、《水浒传》忠义伦理的悲剧精神

（选出的文评务必具有特点，能从不同的角度阐发观点，数量设置在10篇左右）

2.在阅读课程的最后，教师可以布置一项作业，让每位学生写一篇800字左右的读后感，主题和内容不限，只需要写出自己在阅读《水浒传》之后的真正感悟。

（四）活动总结

在活动的最后，教师举办一场读书报告会，对整场读书活动进行总结。

1.由各个小组推荐一位优秀者发表读书感言；

2.教师对每个小组代表的发言进行点评；

3.推荐展示优秀的读书笔记；

4.由教师总结整个活动的情况，并表扬在各个环节中表现出色的学生，颁给他们"阅读小能手"的奖状。

四、设计说明

语文课堂教学中，阅读占据着重要的地位，但是长期以来，无论是教师还是学生，都过分注重于课堂上的知识，而忽略了课外阅读的重要，导致了学生阅读能力低下。有的学生即使有阅读习惯，往往也处于一种盲目状态，阅读效率很低，阅读课上因为学生阅读水平低下和参差不平，教师也无法给予有效的指导。那么，如何提升学生的阅读兴趣，进而提升阅读能力呢？开展高效深入的阅读活动显然成了一个良好的选择。制定计划时需考虑多方面的因素。

《水浒传》是一本历史题材的小说，学生对它的兴趣程度很高。而且，一些版本的语文教材也选取了其中的精彩片段作为课文，因而对于深入阅读一本著作来说，《水浒传》有着很大的优势。在组织设置阅读活动之前，必须先让学生对整本书有一个较为细致的了解，如此方能更顺利地开展阅读活动。

在活动的设计上，虽然要考虑的因素有很多，但首先我们必须明确设置阅读活动的目标是为了提升学生的阅读能力。《水浒传》无论是情节设置还是人物关系都是非常复杂的，人们对于它的主题认识历来没有一个非常准确的定论。学生在初次阅读该著作时，往往只关注那些感兴趣的英雄人物和故事情节，看待著作只流于表面，对著作真正的文学价值和艺术核心一直呈忽视状态，无法深入内核。我们的阅读活动要解决掉这些问题，要帮助学生努力读懂这本著作，体会其中的精髓，要让学生在阅读活动中学会独立思考，要让他们明白最重要的是要读出自己的特色、和自己的理解，如此才能称得上是一堂成功的阅读课。

讽刺小说的丰碑

——《儒林外史》阅读活动设计

上海市控江初级中学　叶旭蔚

一、作品简介

《儒林外史》是我国文学史上一部杰出的现实主义长篇讽刺小说。

全书56回，以写实主义描绘各类人士对于"功名富贵"的不同表现，一方面真实地揭示人性被腐蚀的过程和原因，从而对当时吏治的腐败、科举的弊端、礼教的虚伪等进行了深刻的批判和嘲讽；一方面热情地歌颂了少数人物以坚持自我的方式所作的对于人性的守护，从而寄寓了作者的理想。

全书故事情节没有一个主干，可是有一个中心贯穿其间，那就是反对科举制度和封建礼教的毒害，讽刺因热衷功名富贵而造成的极端虚伪、卑劣的社会习气，成功地展示了一幅以封建儒生的生活和精神状态为中心的18世纪中国社会的风俗画。

《儒林外史》奠定了中国古典讽刺小说的基础。

作者吴敬梓（1701——1754年），清小说家，字敏轩，号粒民，晚号文木老人、秦淮寓客，安徽全椒人。清朝最伟大的小说家之一。因家有"文木山房"，所以晚年自称"文木老人"，又因自家乡安徽全椒移至江苏南京秦淮河畔，故又称"秦淮寓客"。早年生活豪纵，后家业衰落，移居江宁。乾隆初荐举博学鸿词，托病不赴，穷困以终。工诗词散文，尤以长篇小说《儒林外史》成就最高。又有《文木山房诗文集》十二卷（今存四卷）、《文木山房诗说》七卷（今存四十三则）、小说《儒林外史》。

吴敬梓出生在官僚家庭。受家族的影响，他少时热衷科举，早年入学为秀才，二十九岁时参加乡试，却因"文章大好人大怪"而遭黜落。不过，读书生活使他显露出孤标脱俗的叛逆个性。特别是在他的父亲去世后，近房中不少人觊觎遗产，使他得以认清科甲世家的虚伪和卑劣。

吴敬梓性情豁达，不善治家，不上十年，就将遗产消耗一空。经历了由富到贫之变后，他饱尝了世态炎凉，体察到士大夫阶层的种种堕落与无耻，看清了清王朝统治下政治的腐败与社会的污浊。正因为其个人经历，使他对当时儒生的生活和精神状态之弊病有了深刻的了解。作者假托故事发生在明代，写下了著名的讽刺小说《儒林外史》。

二、典型人物介绍

《儒林外史》中写得好的不是完人，而是卑微的小人物，或是丑人。闲斋老人的《儒林外史序》说："其书以功名富贵为一篇之骨。有心艳功名富贵而媚人下人者（如周进、范进、梅玖）；有倚仗功名富贵而骄人傲人者（如严贡生、汤知县、王惠太守）；有假托无意功名富贵，自以为高，被人看破耻笑者（如杨执中、权勿用、杜慎卿、娄三、娄四公子）；终乃以辞却功名富贵，品地最上一层为中流砥柱（如王冕、杜少卿、庄征君、育德）。"这是《儒林外史》中主要写的四类人。

（一）腐儒的典型——周进、范进

读过《儒林外史》的人，总也忘不了书中的周进、范进这两个人物，他们是作者在第二、三回中分别着力塑造的两个年纪老大而没有考中科举的可怜虫，这是两个腐儒的典型。二人在中举之前都是很穷困的，受尽别人的白眼和嘲讽。

周进六十多岁还是个童生，依靠在村子里私塾中教书糊口，以后随姐夫经商记账，在贡院参观时，周进看着号板，又是一头撞将去。这回不死了，放声大哭起来，众人劝着不住。

金有余道："你看，这不是疯了吗？好好到贡院来耍，你家又不是死了人，为甚么这号啕痛哭？"周进也听不见，只管扶着号板哭个不住。后来商人们答应为他捐一个监生进场，他就破涕为笑，趴到地上磕头，表示要变驴变马来报答他们。

范进也是一个连考二十余次不取的老童生，他是一个从二十岁考到五十四岁才中举，而心理惨遭巨大摧残的典型人物。他在生活中受尽凌辱，他要去考试，父胡屠户骂他是"癞蛤蟆想吃天鹅肉。"听到中举的消息后，他起初不敢相信，既而拍着手大笑道："噫！好！我中了！"欢喜得发了疯。直到挨了胡屠户的耳光之后才清醒过来。多年的愿望实现了，从此可以升官发财，他怎能不欣喜若狂，以致神经错乱呢。

从这两个人物身上，我们可以看出科举制度对文人的毒害之深。它深深地腐蚀着文士的心灵，使一些文人因迷恋举业而完全被动地失去了自我。作者以其悲愤和辛酸的笔触，写出了他们在人格意识方面的扭曲与堕落。

（二）贪官污吏的典型——汤奉、王惠

如果可怜的读书人一旦考中了进士，便可以名正言顺地踏入仕途，则那些原本可怜的读书人一旦做了官，很快便会成为贪官污吏。其中汤奉和王惠就是两个典型的例子。

书中这样描绘汤知县：次日早堂，头起带进来的是一个偷鸡的积贼，知县怒道："你这奴才，在我手里犯过几次，总不改业，打也不怕，今日如何是好？"因取过朱笔来，在他脸上写了'偷鸡贼'三个字，取一面枷枷了，把他偷的鸡，头向后，尾向前，捆在他头上，枷了出去。才出得县门，那鸡屁股里唰的一声，屙出一泡稀屎来，从额颅上淌到鼻子上，胡子粘成一片，滴到枷上。两边看的人多笑。第二起叫将老师父上来，大骂一顿'大胆狗奴'，责十板，取一面大枷，把那五十斤牛肉都堆在枷上，脸和颈子箍得紧紧的，只剩的两个眼睛，在县前示众。天气又热，枷到第二日，牛肉生蛆，第三日，呜呼死了。"

南昌太守王惠，也是一个贪官的典型。他念念不忘"三年清知府，十万雪

花银"的通例，他一到任，衙门里就满是"戥子声，算盘声，银子声，衙役百姓一个个被他打得魂飞魄散，合城的人，无一个不知道太守的厉害，睡梦里也是怕的。"

这些官吏就凭借科举得意，升官发财，作威作福，而贪狠、蛮横则成了他们的共同特征。这就进一步暴露了科举制度的罪恶，同时也反映了当时整个封建官吏政治的腐败不堪。

（三）八股迷的典型——马静、鲁编修

科举既然成了读书人猎取功名富贵的唯一手段，八股文自然就成了文章的正宗。于是无数的封建文人，孜孜不倦地钻研八股文，其中最虔诚的八股制艺信徒当属马静和鲁编修了。

《儒林外史》中塑造的马二先生，是一个为举业而耗尽终生的受害者，但他始终把举业视为"神圣不可侵犯的事业"。马二先生是一个出入考场二十四载，依然以"生员"终身的白丁，但他仍执着地做举业的热衷鼓吹者，他"劝导"匡超人说："古语说得好：'书中自有黄金屋，书中自有千钟粟，书中自有颜如玉。'而今什么是书？就是我们的文章选本了。"

这不仅写出了马二先生之流受害而不自觉，而且也点出了他们不自觉的原因，正在于举业是他们能做官的唯一途径，这就触及了封建社会的根本弊端：以腐朽的科举制度选拔人才的不合理性。

另一个八股迷鲁编修认为："八股文章若做的好，随你做什么东西，要诗就诗，要赋就赋，都是一鞭一条痕，一掴一掌血；若是八股文章欠讲究，任你做出甚么来都是野狐禅、邪魔歪道。"鲁编修已达到了科举考试的最高等级，实现了其人生的最高理想。但作者写他却是从他在京城清苦得实在混不下去的返乡途中开始的。他出场后的开场白是："做穷翰林的人，只望着几回差使。现今肥美的差，都被别人钻谋去了。白坐在京城，赔钱度日。况且弟年将五十，又无子息，只有一个小女还不曾许字人家，思量不如告假返舍，料理些家务，再作道理。"作者以如此寒酸之笔来写这位"成功者"，其画外音显然是说，以整个的个人尊严和物质生活享受为代价换来的翰林编修之职，除了徒有虚名外，没有任何实际意义。

（四）正面典型——王冕、杜少卿

《儒林外史》中不仅有对儒林丑类的揭露和讽刺，也有对正面人物的肯定和歌颂。作者肯定的最多的是那些不慕功名利禄的知识分子，王冕和杜少卿就是其中的典型代表。

作者在第一回中塑造了元末诗人王冕的形象来"敷陈大义""隐括全文"，并作为自己理想的楷模和臧否人物的标准。王冕出身田家，天文地理经史上的大学问无不精通，却安于贫贱，以卖画为生，不与权贵相与。作者通过他的嘴，抨击了科举制度，"这个法却定得不好，将来读书人既有此一荣身之路，把那文行出处都看轻了。"在作者看来，文士们只有像王冕那样讲求"文行出处"，才能免于"功名富贵"的牢笼，堪称"品地最上一层。"这在当时是有一定的批判意义的。

正面人物杜少卿是以作者本人为原型写成的。他不热衷功名，反对八股科举，不愿做官，被视为"自古及今难得的一个奇人"。在他身上蔑视科举的思想尤为突出。他说"这学里的秀才未见得好似奴才。"这对封建社会选拔官吏的制度是嘲讽，也是批判。他敢于怀疑权威，对儒家经典的解释者朱熹提出大胆的挑战。他说"朱文公解经，自是一说，也是要后人与诸儒参看。而今丢了诸儒，只依朱注，这是后人固陋，与朱子不相干。"这其实是对钦定的理论标准"朱注"的否定，也是对朱熹这一权威的否定。

三、学习目标

1.阅读与鉴赏：阅读整本书，对《儒林外史》的人物、情节、场景等多方面内容进行梳理。鉴赏小说复杂而矛盾的人物形象，体会作者在人物形象上所寄寓的褒贬之情，品味作品的讽刺艺术，体会作品背后的悲剧内涵、荒诞美学。

2.表达与交流：根据作者的褒贬倾向，制定"红榜""黑榜""灰榜"。交流展示所设想的儒林人物图片。推荐或自荐成立"服装道具组""导演工作室""剧本写作小组"等活动小组。围绕《儒林外史》的相关片段,讨论剧情编排,交流相关道具设计以及宣传海报设计的思路。

  3. 实践活动:从《儒林外史》整本书中挑选出具有讽刺意味的典型场景;召开"儒林时装设计"发布会;给适合执导《儒林外史》的知名导演写邀请信;模拟导演的口吻写回信;完成剧本创作及话剧公演;为剧组相关人员举行颁奖典礼;组织关于《儒林外史》悲喜剧艺术的辩论赛;撰写探究《儒林外史》中的荒诞美学的小论文。

四、活动设计

(一)制定人物榜

  1.《儒林外史》兼有"史传"类文学的特点。根据书中相邻几个回目所写的主要人物,对全书进行整理。

  2. 判断作者对书中人物的情感倾向,将全书的主要人物列入三大榜单:红榜(褒大于贬)、黑榜(贬大于褒)、灰榜(褒贬并重)。制定相应的榜单,并和同伴交流分享,说明你的理由和依据。

  3. 对于存在争议的人物,全班组织讨论,达成初步共识并确定最终的榜单(部分人物可待定)。

(二)形象大擂台

  1. 请你从三大榜单中找到一个具有代表意义的人物,并为之配一幅插画(自行创作或者在网上查找近似图片)。打印或手绘插画,根据小说文本附上一段肖像速写。班级内部举行关于《儒林外史》的人物形象图片展览,标号并张贴在教室空白的墙壁上。

  2. 全班自由讨论并猜测插画所对应的人物,给你认为最接近原著形象的插画贴上标签纸,附上简要的评论,选出优秀作品。

  3. 根据图片展出情况,推举或自愿组织成立"儒林外史服装道具小组"。

小组成员进一步完善自己的作品，举办"儒林时装设计"发布会。

（三）影视我来导

1.《儒林外史》至今未有流传较广的影视版本，假设你是知名影视投资人，请你思考《儒林外史》被改编成电影、电视剧、动漫等影视作品的可能性。从国内外选择你认为比较合适的导演，给该导演写一封邀请信，写明你的理由。

2.在班级内部组织书信展览，全班组织交流阅读，评选出"最具说服力"的一封信。

3.请你以知名导演的口吻为这封信写回信，说明你大致的改编思路。班级内部进行第二次书信展览。根据改编方案是否合理而有创意，推荐成立班级"《儒林外史》导演工作室"。

设计说明：活动1和活动2通过写信，思考《儒林外史》的价值和意义，以及改编成影视作品的可能性、适合改编的风格类型。活动3遴选出有能力或有志于成为导演的同学，并确定改编的大致方向。

（四）剧本大家定

1.导演工作室可参照1985年版电视剧《儒林外史》的剧集编排《范进中举》《两根灯草》《王三姑娘》《金陵才女》《浦郎三妻》《匡超人传》《秦淮名士》等，确定多幕富有喜剧意味且具有舞台表现力的场景，召开发布会，公布《儒林外史》大致的改编方案，并回答同学的疑问。

2.全班同学选择其中一幕剧进行改编，由导演工作室遴选出优秀剧本，并在此基础之上成立"剧本写作小组"。剧本写作小组负责落实对剧本的修改以及相关场景的敲定。

设计说明：活动1从书中挑选出适合改编的喜剧场景；活动2则将班级里对剧本写作有兴趣的同学召集在一起，确定最终的剧本写作。

（五）公演一起来

1. 剧本写作小组发布最终版本的剧本，根据剧本角色在全班范围内招募演员。导演工作室负责遴选演员，根据剧本片段，考查演员的即兴表演能力以及喜剧表演天赋。

2. 服装道具小组负责采购、租借相关的道具服装。导演工作室负责场地的租借以及演员排练时间的统筹与安排。剧本写作小组根据现场排练情况，调整部分台词以及部分剧情。

3. 服装道具小组根据此前的人物形象及服装设计，在班级内发布《儒林外史》手绘海报，导演工作室统筹安排班级公演，并负责视频录制工作。

设计说明：这一环节为之前各个小组的最终展示活动。各小组各司其职，共同完成话剧的演出。

（六）颁奖大典礼

1. 导演工作室用问卷调查的方式，选出表演最接近原著人物的演员，为其颁发最佳演员奖。剧本写作小组根据演出情况，从多幕剧中选择最为精彩的一幕剧，颁发最佳编剧奖。服装道具小组根据演员的着装情况，颁发最佳服装奖。

2. 组织全班同学撰写颁奖词，征集并评选最优颁奖词，班级内部举行颁奖典礼。

现代女性小说的楷模

——《简·爱》阅读活动设计

上海市十五中学　朱文佳

一、本书简介

本书由英国女作家夏洛蒂·勃朗特创作。人们普遍认为这部作品是作者"诗意的生平写照",是一部具有自传色彩的作品。

夏洛蒂·勃朗特,1816年生于英国北部约克郡豪渥斯的一个乡村牧师家庭。母亲早逝,八岁的夏洛蒂被送进一所专收神职人员孤女的慈善机构——柯文桥女子寄宿学校。在那里,她的两个姐姐玛丽亚和伊丽莎白因染上肺病而先后死去。于是夏洛蒂和妹妹艾米莉回到家乡,15岁时她进了伍勒小姐办的学校读书,几年后又在这个学校当教师。后来她曾作家庭教师,最终投身于文学创作。夏洛蒂·勃朗特同两个妹妹,即艾米莉·勃朗特和安妮·勃朗特,均是著名作家,史有"勃朗特三姐妹"之称。

维多利亚时期的英国已是世界上头号工业大国,但英国妇女依然处于从属、依附的地位,一个女性即便不能生在富贵人家,也要努力通过婚姻获得财富和地位。夏洛蒂·勃朗特就用手中的笔为女性大声呐喊。

夏洛蒂·勃朗特虽然一生仅写了四部小说(即《教师》《简·爱》《谢利》和《维莱特》。《教师》在她去世后才出版)。在她的小说中,最突出的主题就是女性要求独立自主的强烈愿望。而将女性的呼声作为小说主题,在她之前的英国文学史上是不曾有过的,她是表现这一主题的第一人。此外,她的小说还有一个特点，那就是人物和情节都与她自己的生活息息相关，因而具有浓厚的自传色彩。女性主题加上抒情笔调，这是夏洛蒂·勃朗特创作的基本特色，也是她对后世英美作家的影响所在。后世作家在处理女性主题时，都不同程度地受到她的影响，尤其是关心女性自身命运问题的女作家，更是尊她为先驱，并把她的作品视为"现代女性小说"的楷模。

《简·爱》讲述一位从小变成孤儿的英国女子在各种磨难中不断追求自由与尊严，坚持自我，最终获得幸福的故事。小说引人入胜地展示了男女主人公曲折起伏的爱情经历，成功塑造了一个敢于反抗，敢于争取自由和平等地位的女性形象。

人们普遍认为《简·爱》是夏洛蒂·勃朗特"诗意的生平写照"，是一部具有自传色彩的作品。小说引人入胜地展示了男女主人公曲折起伏的爱情经历，成功塑造了一个敢于反抗，敢于争取自由和平等地位的女性形象。

《简·爱》是一部有一定影响力的书，简·爱的形象经百年而不朽，一直受到世界各国人民的喜爱，小说中男女主人公如诗如歌的抒情对话对此后的文学产生了一定的影响，而其社会意义尤其是妇女解放方面的意义更值得深思。

这部作品也受到了中国读者的青睐。

1935年，由郑振铎先生主编的《世界文库》开始连载《简·爱自传》，使这部小说第一次以完整形象被中国读者看到。20世纪50至70年代，这本书被列为禁书，但是仍有不少年轻人偷偷地传阅。直到80年代以后，《简·爱》的中译本才开始大量涌现。迄今为止，《简·爱》汉译本已经超过20多种，可见它深受中国读者的欢迎。

二、阅读目标

《简·爱》是《义务教育教科书（五·四学制）语文》九年级下册规定必读的名著。作为一个孤儿，简·爱10岁前都过着寄人篱下的生活，受到舅母一家的精神虐待。在洛伍德慈善学校里，她度过了八年并不愉快但有温暖的生活。当她终于长大成人，可以自由选择生活道路时，简·爱又来到了桑菲尔德庄园，在那里她遇到了生命中无法忘却的记忆。

作为一部以 19 世纪的英国为背景的自传体小说，这部小说既没有跌宕起伏的情节，也没有俊美潇洒的主人公，这些对于初三的学生来说，并不太吸引人，再加上 56 万字的篇幅并不短，这些因素恐怕都会在一定程度上成为阅读的障碍。

所以，在引导阅读的过程中，需要不断激发学生的阅读兴趣，保持学生继续读、深入读的热情和信心。

整本书阅读目标如下：

1. 熟悉主人公简·爱在不同阶段的生活经历、情感经历，感受简·爱独立强大的人格魅力。了解罗切斯特的经历和性格，理解他对简爱成长的意义。

2. 浪漫主义文学强调想象和抒情。《简·爱》是一部具有浓厚浪漫主义色彩的现实主义小说，感受并分析作品所表达的浪漫主义色彩。

3. 梳理简·爱丰富的性格侧面，体悟理解简·爱被后世视为现代女性先驱楷模的原因。

4. 一般来说，了解作品的创作背景，有助于理解这本书的思想内容和深刻内涵；像《简·爱》这类按照时间顺序写的小说，阅读时可以把不同阶段作为一个个小小的驿站，以便更清晰地了解主人公的成长经历。比如本作品是按照简·爱生活的四个阶段来写的，我们就可以依次把四个阶段阅读完，感受简·爱是如何一点点完成的蜕变。

5. 阅读这类运用第一人称、通过大量的心理活动描写抒发主人公情感的作品，可以格外关注叙事角度和抒情部分，随时圈画批注，以深入体会主人公的心路历程。

三、阅读任务

阅读任务主要分为"读中任务"和"读后任务"两大部分，以便在阅读的不同阶段给学生提供源源不断的动力。

（一）读中任务

在《简·爱》的整本书阅读过程中，会有以下不同类型的任务交给学生边读书边完成，它们分别是个人任务、小组任务和班级任务。通过不同类型的任务，既可以督促学生积极阅读名著，也可以激发他们细读、精读的热情，真正做到在阅读中体会乐趣和成就感。

具体任务如下：

1. 个人任务：

（1）小说中，简·爱曾给罗切斯特先生画过画像。请你根据书中描写罗切斯特先生的相关内容，也为罗切斯特先生画一幅肖像画，并说说你的依据。当然，你也可以为书中的其他人物画像。

（2）《简·爱》不仅在文学上很成功，把它搬上荧幕也同样大受欢迎，原著改编而成的电影和电视剧都不少。读完小说后，请你挑选一部或几部改编的影视作品来观看，从情节、详略安排、人物形象塑造等角度进行比较，加深对原著的认识。（推荐电影版本：1996年版，导演：佛朗哥·泽菲雷里；2011年版，导演：凯瑞·福永）

2. 小组任务：

（1）小组合作，完成思维导图

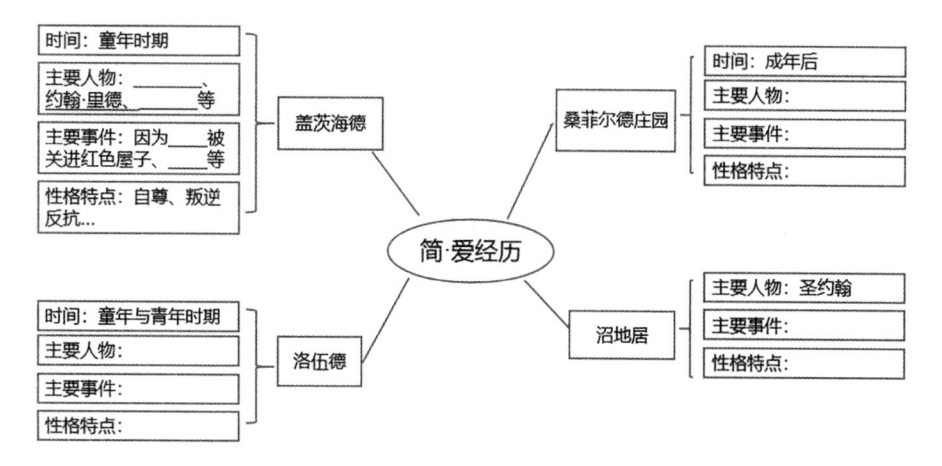

盖茨海德
- 时间：童年时期
- 主要人物：_____、约翰·里德、_____ 等
- 主要事件：因为_____被关进红色屋子、_____ 等
- 性格特点：自尊、叛逆反抗……

洛伍德
- 时间：童年与青年时期
- 主要人物：
- 主要事件：
- 性格特点：

桑菲尔德庄园
- 时间：成年后
- 主要人物：
- 主要事件：
- 性格特点：

沼地居
- 主要人物：圣约翰
- 主要事件：
- 性格特点：

简·爱经历

（2）你最喜欢这本小说里哪个部分？与小组成员合作，向其他同学作个推荐吧！要求：确定片段，用朗诵或话剧/舞台剧的形式展示出来，并用简短而不失修辞的语言说说自己的推荐理由。

3. 班级任务：

对于简·爱最后继承了遗产这样的结局，有的人认为它很圆满，看得很过瘾；而美国作家辛克莱·刘易斯说："《简·爱》的结尾过于圆满了，甚至脱离了那个时代女性不具备地位的社会特点，它是'败笔'"。关于这样的结局，你怎么看？

组织一场班级辩论赛吧！寻找志同道合的同学，做好充分准备，向其他同学大声说出你的看法！

（二）读后展示任务

在过去的几个月中，通过自读、同伴合作阅读、小组成员一起讨论，互相答疑解惑，学生们对主人公简·爱的成长历程有了完整的了解，对于她的形象也有了较为深入的认识。

读后任务的关键词是"展示"。用一两个课时请学生分享阅读收获。读后成果分享课将围绕"一个女孩的蜕变——简·爱的成长"这一主题，请学生分小组展示自己的阅读成果。这样的展示既可以促使学生再次回忆、理清整本书情节内容，反馈读中任务，也可以让学生们看到其他同学眼中的"简·爱"，引发学生们进一步思考此前没有引起重视的内容。另外，几个月的阅读是"输入"，而这节课是"输出"，是向同学们展现自己的平台，这样的活动能激发学生对《简·爱》的热情，也能激发阅读其他作品的热情。

具体分享活动案例如下：

活动1：围绕小说内容进行的全班抢答

说明：为了初步检测同学们的阅读情况，围绕《简·爱》故事情节，由A同学等3人小组策划编写了10道抢答题。每答完一题，小组成员会做简单说明，告知该情节的出处。回答正确者，将获得A小组同学自制的《简·爱》书签作为奖品。

活动 2：为表现人物性格的片段表演

说明：这是分享会的重点，需要教师提前介入，组织分配任务：

要求学生根据自己的阅读体验，从盖茨海德府、洛伍德慈善学校、桑菲尔德庄园、沼地居、芬丁庄园这五个地点中，选择印象最深刻的一个地点，排演课本剧或其他形式表演；

确保以上五个地点每个地点都有小组表演，引导学生选择最能展现简·爱成长或性格特点的片段进行表演；

学生自愿报名，自由组合，30 人分成 8 个表演小组，要求按照简·爱的生活轨迹，体现人物的典型性格。

表演内容的大致安排如下：

B 同学等 5 人组表演在盖茨海德府，简·爱被表兄妹欺负，她反抗约翰，却被里德太太关进猩红色的房间，病愈后又与里德太太发生冲突的故事，以表现简·爱追求平等、勇于反抗的性格特点。

C 同学等 3 人组表演在洛伍德学校里，谭波尔小姐邀请简·爱和海伦去她房间夜谈，简·爱被海伦和谭波尔小姐对话时表现出的渊博知识而震撼的场景，以表现其作为一个女性对知识和才情的渴望。

D 同学等 7 人组表演在洛伍德学校里，简·爱被勃洛克赫斯特罚站，其他同学和老师冷眼旁观，唯有海伦同情她，悄悄给简吃东西并安慰她的故事，以表现人与人之间的平等、友谊和爱。

E 同学等 9 人组一边向同学展示连环画，一边讲述简·爱和罗切斯特的故事，包括他们第一次相遇、第一次正式相见、正式表白、婚礼、离开桑菲尔德庄园等重要场景和故事。其中，正式告白部分，由 F 同学以朗诵形式呈现。这个小组的演出基本展现了简·爱与罗切斯特相遇相爱的过程，最能体现简·爱渴望平等，追求爱情尊严，人格独立的人文精神。

G 同学等 2 人组表演在沼地居，圣约翰向简·爱求婚，简·爱拒绝的场景，以展现简·爱向往自由，追求基于爱情的婚姻的高尚情操。

H 同学等 4 人组表演简·爱到达芬丁庄园，与罗切斯特再次相见，并决定相守终身的动人场景。这是故事的结局，也体现了简·爱自尊、自爱，忠于爱情的美德。

活动3：关于小说结尾的全班辩论

对于简·爱最后继承了遗产这样的结局，有的人认为它很圆满，看得很过瘾；而美国作家辛克莱·刘易斯却说："《简·爱》的结尾过于圆满了，甚至脱离了那个时代女性不具备地位的社会特点，它是'败笔'。"

辩题：《简·爱》的结尾是不是"败笔"？

正方：《简·爱》的结局合情合理，不是"败笔"

反方：《简·爱》的结局不合情理，是"败笔"

说明：这个问题在学生正式开始阅读《简·爱》之前就提出了，阅读结束后，学生自由选定辩题，组成正反两方的辩论战队，准备好辩论的文字材料，在展示课上展开了辩论。这个活动设计的意义在于引导学生通过辩论，明白作者的创作意图：简·爱的圆满结局尽管在当时的时代背景下不可能实现，但我们不能"认命"，我们要像简·爱一样敢于向命运抗争，那么女性的独立自由，圆满的爱情是可以实现的，她为天下的女性指明了生活的方向，不愧为女性解放的独立宣言。

高中整本书阅读

乡土中国

中国社会的答案之书

——《乡土中国》学生自读指导

上海市杨浦高级中学　张子川

  2017年，教育部发布《普通高中语文课程标准（2017年版）》（以下简称《新课标》），开始了新一轮的高中语文课程改革。《新课标》对高中语文课程的性质、基本理念、目标、内容、结构等方面做了详尽的规定与解释。相比2003版的《普通高中语文课程标准》，《新课标》的一大特色是加入了"整本书阅读"学习任务群。《普通高中语文课程标准解读》提出，"整本书阅读与探讨"任务群具有"扩大阅读空间，养成终身阅读的习惯"和"发展思维品质，掌握阅读方法"这两大价值。传统语文教学强调单篇阅读，注重短时学习，学生无法更深入地发展。因此，高中阶段的整本书阅读的学习，对个人今后的思维能力提升以及审美情趣发展有着至关重要的作用。

  但是，"整本书阅读"是一个全新的概念，对老师与学生来讲都是既熟悉又陌生的领域，如何指导学生进行整本书阅读成了一大难点。由于缺少前人的经验，现阶段关于整本书阅读的许多教学及设计都是探索性的，仍旧存在着盲点和不足。翻看课本和《新课标》，发现整本书阅读的任务群处处存在关于读书方法的提示与要求，诸如"勾画圈点""先'粗'后'细'，逐步推进""分析整体框架，把握知识体系"等。然而，这些表述有着很大的空白——"勾画圈点"什么内容？"勾画圈点"的依据是什么？如何"粗"读"细"读？"整体框架"有何种模型？诸如此类的问题，在推进整本书阅读前都是需要思考的。本文也希望提出建设性的想法，试图在进行深入的课堂教学前，从学生自读角度进行《乡土中国》整本书阅读指导，帮助学生建构学术类著作的阅读策略，掌握阅读的门径。

一、《乡土中国》整本书阅读的特征

作为学术类著作，《乡土中国》有着区别于教材课文的特征。常规的教材课文篇幅短小，注重文学性，学生更容易聚焦阅读，也更容易把握文本的语言特点、艺术手法、文章主旨等形式与内容。但是《乡土中国》这样的学术类著作内容庞杂、体量庞大，需要通过特定的阅读方法切入，才能逐步把握文本的研究思路。因此，《乡土中国》一书对学生而言是具有一定难度的，需要正确的"打开方式"。教师必须对整本书阅读的特征有一个明晰的认识，才能更好地指导学生。

1. 方法性

《新课标》对整本书阅读提出的要求侧重于阅读方法层面。《新课标》在"学习任务群 1"中的"学习目标与内容"的第三点强调了学习的方法性：通过"勾画圈点"，"梳理全书大纲小目及其关联"，从而"把握书中的重要观点和作品的价值取向"。在课本的阅读指导中，提及的也几乎全是方法性的要点："要有阅读的'预期'"、"先'粗'后'细'，逐步推进"，"抓住核心概念，找出概念间的联系"，"关注作者研究的思路"，"反复阅读，积极思考"。而在课本的"学习任务"部分依旧如此强调："抓住核心概念，理解作者观点""分析整体框架，把握知识体系""关注'问题'，学以致用""拓展阅读，知人论世"。这些方法性，其实都指向了学生的自读环节。

当然，《乡土中国》的整本书阅读也包含内容性和价值性的部分，这些和单篇教学相似。缺失这些学习，学生只是浮于表面，无法真正理解书本的内容。但是，阅读方法的指导是完成整本书阅读的先行条件。通过《乡土中国》整本书阅读方法的积累与习得，可以建构学生学术类整本书阅读的经验，提高学生的阅读能力，培养了学生终身阅读的能力。强调方法性，是该任务群的独特之处。

2. 学术性

《乡土中国》运用了诸多的术语，使得文本晦涩难懂。学术类著作的语言通常不是生活语言，常常穿插了专业术语或者新造的词汇，这就使得对文本的理解通常需要这些术语的中介。比如"差序格局""长老权力"等，这些概念穿插于书本的各个篇目中，倘若没有真正理解，学生没法流畅阅读，容易影响后续的阅读体验。

不仅如此，作者的思考路径不同于以往的写作思路。作者通常从独特的视点切入，顺着学术思维展开。倘若没有一定生活背景和学术背景，学生很难知道文字的指向、写作的意图，也就更难沉下心来进行阅读了。因此，学术类著作的整本书阅读，其实也是学生逐步培养学术能力的过程。在阅读的过程中，学生理清作者的研究路径，逐渐理解作者构建的学术体系，为学生今后的大学学术研究做足准备。

3. 互文性

学术类著作的另一大特征是具有很强的互文性。互文性是指一个文本与其他文本之间的相互关系和相互作用。尽管《乡土中国》是由十多篇短文集结成册，看似讨论的是不同的话题，但其背后的出发点、内在逻辑是一致的。书本中的每篇文章并非孤立的，文章与文章间是可以互相印证、互相阐释的，具有内在的连续性和完整性。文字背后所承载的是一个互相勾连阐释的世界，是一个有机的世界。因此，在初次阅读的时候，不能以自己现有的知识先入为主、进行断章取义地理解，而是要融入作者所编织的世界，感受书本所呈现的逻辑自洽。

另外，文章也和我们的生活产生了互文性。书中的观点和我们的生活有许多照应之处。为何中国许多家庭是权威制的家庭，父母喜欢"做主"？为何中国婚恋独有"相亲角"这一现象？为何社会中有认干妈、干爹现象？……还有一些书籍、电影等，也和书本产生了呼应。学生只有积极思考，结合自身的经验阅历，才能真正读懂、读透文本，进而理解自己所处的社会。互文性的阅读，才会感受到读书的魅力，认识到读书的意义。

二、《乡土中国》整本书阅读的自读目标

《乡土中国》论述的中国基层社会的特征，对学生来讲有一定的距离。但

是《乡土中国》所涉及的文化、思考、伦理等内容是根植于我们的血液中的，它们构成了我们生活的底色。处于"后乡土社会"的我们，阅读《乡土中国》可以帮助我们了解我们所处生活的细节、规则、习惯等的由来，从而更好地理解自身、适应社会。特别是，现代中国迈入了城市化进程，许多地区发生了翻天覆地的变化，但随之而来的问题也越来越多：现代性危机、信仰危机、道德滑坡、家庭解体……人们将何去何从？《乡土中国》展现了一副别样的面貌，似乎给了我们一个可能的答案：面朝黄土背朝天的人，与土地相伴，与亲友相伴，生于斯、长于斯、终于斯……人们虽然辛勤劳作，但是社会是稳定的，内心是丰盈的。了解了乡土社会，不仅仅了解了我们社会曾经的面貌，更给出了一种曾经的生活样式，帮助我们理解自己所处的生活困境，找到自己的精神归宿。因此，《乡土中国》的整本书阅读非常有必要。

然而，学术类著作的整本书阅读在高中是比较超前的，通常在大学才会涉及。《乡土中国》主要综合运用了说明、议论的表达方式，又间杂了一些记叙文性质的内容，使得学生对文章内容的理解把握吃力些。对此，根据《新课标》要求，结合学生自读情景，提出以下自读目标：

（1）积累学术类文本相关知识，培养圈画、批注、分层的阅读习惯，把握精读、略读等阅读方法，积累整本书阅读的经验，形成适合自己的读书方法。

（2）梳理全书各篇内容框架及各篇的关联，构建思维导图，把握阅读学术类书籍思路的方法。

（3）理解本书中出现的基本概念，了解本书的价值取向及学术价值。

（4）以本书为原点，联系当下社会生活理解本书的现实意义。能够对生活中的事件、现象、电影等文艺作品进行解释，促进学生观察和思考社会。

三、《乡土中国》整本书自读指导

活动一：补充学术类文本相关知识

设计说明：进行整本书阅读前，首先指导学生学术类著作相关的本体性知识，让学生积累一定的阅读图式。学生对文本有了一个基本的预设，就知道了文本的大致框架和内容，才能在阅读时做好准备，从而更好地沉浸文本。

任务1：积累基本范畴

在进行阅读时，应当对段落进行归纳提炼。找到该段文字的核心内容，才能够进而把握文章的脉络、层次。缺失这个环节，所看到的只能是散乱、毫无章法的内容堆砌。对此，应当积累一定的概念，了解学术性文本所讨论的基本范畴。比如：目的、手段、过程、方法、结果、后果、定义、内涵、特征、原因、条件、基础、事例、观点、危害、意义、现状、变化、现象、背景、依据、类型、简介、效果、作用、影响、优点等。

概念是思维的最小单位，也是认识事物的工具，通过概念可以快速把握事物的普遍性质。一个概念常常包含了复杂抽象的思维过程。有了这个抓手，才能够快速理解文字的指向，缩短思考的时间，精准把握文本的内容，简化阅读的过程。灵活运用这些抽象的范畴，是真正读懂文本的一个标志。

任务2：积累框架层次

大多数学生阅读文章时遇到的最大问题，是不知道文本的写作意图、引用的作用、事例的指向等，于是只能断章取义地阅读。如果是短文可能还好，可对于整本书这一类的长文，很容易思绪游走，无法把握作者的整体框架、知识体系，乃至研究思路。课本中的"阅读指导"第四点提出"关注作者研究的思路"，强调"不仅要知道结论，还要注意形成结论的过程，看作者怎样通过辨识分析、比较、归纳，提出和研究问题，获得新的理论发现，甚至开拓新的研究领域"。学生在阅读的时候倘若没有基本的文本框架，不了解讨论的基本内容，则容易在阅读时注意力分散。有了一定的思考框架，学生就能准确抓住段落的重点、篇章的走向，理解文章的脉络关系。如此，段落层次和篇章的层次就非常重要。

（1）段落层次

在进行学术类文本的教学时，要让学生对段落的层次有基本的认识。此处，可以将段落简单分为角度句、阐述句、修辞句、归结句四个层次。角度句是这一段落所要解决的问题或观点，起到提示作用或者作为分论点的总起作用，通常放在段落的第一句话。阐述句是对于角度句的理论分析，通常具有论说性质。由于角度句是凝练的语言提出，所以具有相当大的阐释空间。阐述句则是对角度句进行思辨性的理解。由于阐述句依旧比较抽象，于是常常用一些通俗易懂的修辞句形象地进行解读，表达方式一般为描写与记叙，比如正反对比论证、举例论证、类比论证等。归结句是对整个段落的归结,通常会有"因此""总之""换句话说"等词提示,一般在段落的结尾起到小结的作用,帮助读者回顾整个段落。

段落的理解方向是有层级的。拿到一个段落,首先要去找到并理解角度句和归结句,以此为核心展开该段的理解。接着去关注阐述句,看其是如何解释证明角度句的。再接下来是修辞句,分析修辞句是如何与角度句、阐述句一一对应的。通过段落层次,可以快速把握段落重点。倘若看不懂该段文字,则可以依次在角度句、阐述句、修辞句、归结句中找到相呼应的部分,从而把握其中字词的含义。

(2)篇章层次

除了段落层面的理解,还应当对篇章层面的理解有基本的把握。篇章层面,除了有比较灵活的概念范畴外,文章一般还有"引、议、联、结"四大常规层次,这些层次涉及到了文章写作的方向。

"引"交代写作的缘起,通常从现象、事件等入手,引出作者的话题或论点。"议"是文章的主体部分,包含了作者的论述过程。通常,议论部分涉及到"是什么"、"为什么"、"怎么样"三大部分。"是什么"解决话题或观点中关键的概念,通常是种事实判断,包含了对关键概念的含义、特征、区别等的理解,是说明文性质。"为什么"则是对一定问题的原因阐释,包含内因、外因。一般而言有事实判断的原因揭示,也有包含价值判断的合理性判断。"怎么样"分为"会怎样"和"应怎样",前者揭示了某种情况下所导致的结果或影响等,属于事实判断,后者则提出了作者具体的解决方案,通常属于政策判断。"联"是联想部分,通常是由由前文"议"的部分展开联想,联系社会事件、个人生活、历史事实等。"结"意味着总结,通常具有总结全文、深化主旨的作用,有时则又有进行辩证、补充写作角度等的作用。

活动二:阅读习惯指导

设计说明:单有本体性知识是不够的,停留在理论层面并不能帮助学生真正掌握相关的知识。因此,还要结合具体的实践,指导学生养成基本的阅读习惯。

任务1：圈画、批注与分层

在这一环节，学生自读《乡土中国》，对每一章节进行圈画、批注与分层。

对文本进行圈画，可以找到文章写作的重点。圈画的通常是具有统摄段落的词，该词是段落所围绕的重点。有时是提出的论题，有时是围绕论题所揭示的信息。另外，有时还要圈画段落的分论点或角度句，该句子通常也能够帮助我们理解整个段落的主旨。通过圈画，我们能够提炼段落的重点，进而在后期的反复阅读中快速把握重点，找到文章的骨架，从而高效阅读。

另外，批注也是必不可少的。批注通常是自己对该段的内容提炼，和圈画内容的作用是一样，都是帮助我们快速把握文本，便于后期反复阅读的。只不过，圈画的内容通常是文本表达清晰的，而批注则是原文表达不明晰，需要通过自己的批注把握的。当然，批注也可以是自己的阅读心得，或是自己联想到的生活事例等，阅读时要积极动笔，灵活批注。

最后，要对段落、篇章的层次进行分层。通过分层，我们把握了段落的重点，进而逐步把握了文本的行文思路。唯有分层，才能深入阅读，把握段落与文章内在的逻辑，理解作者的研究思路。

任务2：梳理章节框架

在这一环节，学生自读《乡土中国》，梳理每一章节的框架。

在进行圈画批注的同时，要兼顾文章的脉络，不断修正批注的内容，从而找到文本的框架。因为文本之间是有联系的，所以需要反复推敲前后文之间的关系，揣摩作者的思考路径，万不可孤立地理解段落。因此，阅读时学生应当找到段落之间的关联性，发现文本内在的联系，再去提炼文本的结构框架。

以下为《乡土本色》一章节的结构梳理，可以帮助我们了解写作的思路：

引：中国社会基层上是乡土性的。聚焦"乡下人"的现象。

是什么（关系）：我们的民族与土地分不开，既在土地上创造过光荣的历史，也受土地的束缚。

（"土"的特征）"土"在乡土社会的地位很高。

为什么：农业直接取资于土地。

会怎样：直接靠农业来谋生的人是黏着在土地上的。

即使因为繁衍迁移，人们的老根是不常动的。

不同聚居社区间是孤立和隔膜的。

是什么（特征）：中国农民大多聚村而居的特点对中国乡土社会的性质有重要影响。

为什么：中国农民聚村而居的原因：四点

会怎样：村落间孤立、隔膜，乡土社会的生活富于地方性。

由于地方性的限制，乡土社会使村中人彼此熟悉，成了生于斯、死于斯的社会

受土地束缚的乡民，彼此之间的关系是与生俱来的。

在彼此熟悉的社会中，乡民拥有规矩带来的自由。

乡土社会的信用发生于对一种行为的规矩熟悉到不假思索似的可靠性。

生活在乡土中的人互相是熟悉的。

生活在乡土中的人对物也是熟悉的。

联想作结：现代社会中，乡土社会养成的生活方式产生了流弊。

任务3：思维导图整合书本

在这一环节，可以将整本书打散，通过思维导图整合出自己的知识结构。

《乡土中国》中，每一篇文章的内部是整全的，但是文章与文章之间却是断裂的。每一章节讨论了不同的话题，但都是围绕着"乡土中国"这一话题进行的——有的是从"文字"入手进行探讨，有的是从"家族"入手进行分析……每一篇章看似独立，却有着内在逻辑的，这需要打通各文本间的壁垒，进行进一步的整合，将知识真正内化。

上一环节的"梳理章节框架"是为了理解作者的写作思路，但是每个人的理解路径都有差异，并不能够转换成读者自己的语言及思维。因此，通过这一阶段的"思维导图整合"，可以督促学生从整本书的角度出发，重新审视本书的内在关联，重新编排，形成自己的独特理解。如此，学生才会有更为亲切、更深刻的感悟，才能够转化成自己的东西。当学生做完这阶段的阅读后，学生的知识与逻辑是自洽的，更有能力举一反三。此处可以布置几个作业考察学生：

1. 某出版商要重印《乡土中国》。假设你是主编，请为这本书写篇序。

2. 你的一个朋友想要了解《乡土中国》一书，请用自己的语言写一篇《〈乡土中国〉综述》。

任务4：反复阅读，以思促读

经典的书籍常读常新。因此，完成以上的环节并不是阅读的结束，恰恰是个开始。接下来这一阶段，可以设计一些问题，指导学生带着问题反复阅读，进行更深入的思考。以下给出一些问题作为参考：

1. 观看具有"乡土"背景的电影，诸如《秋菊打官司》《山河故人》《江湖儿女》《斗牛》《孝子贤孙伺候着》等，试着找出电影中"不同寻常"的社会现象，探究背后的原因。

2. 网文《为何喜欢种菜？从南极到太空！中国人种菜有多野？》指出，"对中国人来说，种菜，是刻在DNA里的天赋。只要有种子，菜可以种在任何地方。"为何国人会有如此的"种菜情结"？

3. 生活中有许多认干爹、认干妈的现象，为何会有这样的现象？

4. 有人说，西方的文化是罪感文化，而中国的文化是耻感文化。你是否赞同？请用《乡土中国》相关的理论说下原因。

5. 上海是国际化大都市，在20世纪初期就已融合了西方文化，形成了独特的"海派文化"。在某种程度上，"乡土文化"和"海派文化"具有相对性。请结合《乡土中国》所涉及的讨论范畴，以"上海"为题写篇文章，说说你对上海的理解。

6. 黄光国的《人情与面子》一书从"人情"与"面子"两个角度，构建了对中国文化的基本理解。请仔细研读，写一篇文章说说《人情和面子》与《乡土中国》两本书之间的异同之处。

以上的指导与设计，涉及了大多数人整本书阅读时所经历的过程，有圈画、批注、写作和整合等诸多环节。希望通过以上的自读指导，同学们不仅可以更好地投入课堂后续的整本书阅读，还能找到学术类著作的阅读门道，感受阅读所带来的喜悦。

红楼梦

都云作者痴，谁解其中味

——《红楼梦》阅读活动设计

上海理工大学附属中学　黄　卉

一、《红楼梦》内容简介

《红楼梦》是一部章回体小说，小说展现了丰富的社会风貌和复杂的人物形象，我们可以从生活琐碎的细节里，窥探到中国传统文化和精神内核。

本书共一百二十回，前五回是全文的总纲，在情节结构上，呈现由繁至衰的家族变化过程，第6—64回描写了大观园中的欢宴，从元妃省亲开始，到怡红院夜宴结束，一片鸟语花香。65—120回描写的是家族的衰败，通过查抄大观园、黛玉之死等表现家族的中落，生动形象地表现了家族的荣辱兴衰。

《红楼梦》最值得细细品味的就是人物形象。其中共有人物约480人，除贾宝玉外，主要的女性角色则在"宝玉神游太虚幻境"中窥探一二。其中"金陵十二钗正册、副册及又副"为我们罗列了：林黛玉、薛宝钗、贾元春、贾探春、史湘云……等。每个红楼人物的风格迥异，是古代女子的群像，曹雪芹在书中对于妇女命运的全面刻画，是中国古代小说中独树一帜的，曹雪芹在书中写到"忽念及当日所有之女子，一一细推了去，觉其行止见识，皆出于我之上"，"闺阁中本自历历有人"。人物的性格和阶级又与人物命运息息相关，在构思上形成前后高度统一，我们在理解红楼人物关系和命运时，需要把握好其中千丝万缕的联系。

《红楼梦》也是中国古代文化的缩影，包含了很多丰富的生活细节。红楼女儿们结社作诗、猜灯谜、品香茗、观赏戏剧，甚至礼佛……大观园虽是个小世界，但处处体现出一个"钟鼎之家"，所透露的"书香之气"。品读《大观园试才题封额 荣国府归省庆元宵》等篇章，我们能感受到热闹繁华的官宦家族生活，这也让读者对家族的衰败与没落更感扼腕。

正因为《红楼梦》是一部文化宝库，历来无数作家都与此书结下了不解之缘。鲁迅有两篇专门论述《红楼梦》的文章，分别写于《中国小说史略》和《中国小说的历史的变迁》之中；张爱玲用十年时间写了《红楼梦魇》；王蒙也先后出版了《〈红楼梦〉启示录》《王蒙陪读〈红楼梦〉》等四个版本的点评本，表达自己对《红楼梦》的喜爱之情。蔡元培、胡适、毛泽东、茅盾……中国历代作家无不视此书为珍宝，孜孜不倦地阅读和点评，由此"红学"应运而生。《红楼梦》的价值不言而喻，高中生阅读《红楼梦》既要能够自觉完成整本书的阅读任务，又要通过书本了解赏析人物的方式。阅读《红楼梦》评论类的文章，就自己感兴趣的文化内容进行深入的研究。

目前，便于学生阅读的《红楼梦》版本是人民文学出版社出版的，这本书内容完备，脚注精准。在此基础上，上海辞书出版社出版的《红楼梦鉴赏辞典》和王昆仑所著《红楼梦人物论》，也能够帮助学生进一步了解人物形象，是深入探究本书的一把钥匙，如果学生对书中诗词曲赋感兴趣，还能够阅读红学家蔡义江所编写的《红楼梦诗词曲赋全解》。此外，红学泰斗周汝昌所著《曹雪芹传》和《红楼梦十五讲》都是较有真知灼见的评论性文章，便于学生发现自己感兴趣的红学问题，做深入的探究。

二、阅读目标

1. 梳理小说主要情节，把握贾家由兴转衰的过程，为全书梳理结构。
2. 赏析《红楼梦》中经典情节，如：林黛玉进贾府、宝玉挨打、元妃省亲、刘姥姥进大观园等，通过写作剧本的方式，揣摩人物语言和人物心理。
3. 联系人物判词，把握人物性格，欣赏人物形象，探究作品内涵。
4. 了解曹雪芹的人生经历和写作背景，领悟小说表现的中国文化内涵。
5. 通过粗读整本书，到细读情节，再到探究人物形象和文化内涵，体会长篇小说的阅读过程，积累个性化的阅读方法。

三、活动设计

1. 活动一：走进《红楼梦》

（1）通读作品，借助问题，梳理故事结构。

章　回	问　　题	思　考
第1—5章	（1）故事从第一章开头？第一章的目的是什么？ （2）《好了歌》有什么深意？	
第6—10章	（1）为何要写刘姥姥进大观园？ （2个目的） （2）通过周瑞家的送宫花，能够梳理什么内容？ （3）焦大是谁？为何要写"焦大骂街"这一细节？ （4）本章对比哪两个人物的性格，如何对比的？ （5）厘清贾代儒、贾瑞、贾蔷、金氏、金荣、秦钟之间的血缘关系。 （6）本章的结构作用是什么？	
第11—15章	（1）贾瑞在贾家大家族中是什么地位，为何凤姐敢设局害他？ （2）贾瑞应不应该死？为何要如此死？ （3）秦可卿之死有什么作用？她的死因是什么？ （4）凤姐包干荣宁两府，说明什么？ （5）凤姐贪财舞弊又说明什么？	
第16—20章	（1）"东海少了白玉床，龙王来请金陵王"是形容哪个家族的，为何如此形容？ （2）记录大观园中的景点、景点特征、众人对景点评价；宝玉题词。 （3）匾文有何作用？ （4）袭人是怎样的女子？ （5）湘云是怎样的女子？	
第21—25章	（1）文章通过什么方式对比黛玉和湘云？ （2）贾政悲谶与人物命运的关系？ （3）第二十三章的结构作用是什么？ （4）贾芸是怎样的人？文中有哪些细节表现他的性格？ （5）本章写了几组矛盾？宝玉病后众姐妹的反应是？	
……	……	

（2）理清全文两条线："贾府衰败"和"宝黛爱情"。

（3）完成一份阅读指南：

要求：记录你的阅读时间和阅读方法（圈划、旁批、总评），图文并茂地为学弟学妹，提供阅读《红楼梦》的方法建议，包括：高一学生每天适宜的阅读时间长度、阅读方法、着重阅读的章节、值得关注的人物及原因……

（4）预习活动二，分小组选择合适的演出情节并分配角色。

2. 活动二：细品红楼梦

（1）课本剧表演：

要求：从顽童闹学堂、林黛玉进贾府、诗社集会、刘姥姥进大观园、宝玉挨打、黛玉葬花等情节中选择一出戏剧，进行情景剧表演。

（2）交流与评价：演出人编写演出感悟，其余学生评选并写作观后感。

3. 活动三：解析梦中人

在观看话剧表演的基础上，选择一位你最感兴趣的人物，评价人物性格和命运的变化，并探讨前后变化的原因以及和贾家兴衰的关系。

要求：

（1）解读人名的含义；

（2）结合阅读他的判词、图册、红楼十二曲等，解析人物命运；

（3）《红楼梦》后四十回是高鹗续书，思考：你推断出的人物结局与故事结局一样吗？夏志清说：没有这后四十回，我们就没有评价这本伟大小说的基础文本。你更欣赏怎样的结局，为什么？

4. 活动四：走出《红楼梦》（三选一）

（1）从"红楼人"到"红楼物"：《红楼梦》还展示了绚丽多彩的民俗文化，衣饰、饮食、礼仪、风俗、娱乐等。比如：金锁、宝玉和丝帕等是宝玉和黛玉、宝钗的信物；蔷薇硝、茉莉粉、玫瑰露、茯苓霜等小物件有所关联的人物；丢失的"茶杯"使中秋豪宴热闹之景与寒潭冷月凄美之境和谐连接；一只飞舞的"蝴蝶"展现出一位小姐的心智秉性、改变了一个婢女的人生轨迹……书中还有很多这样的小物件，其中往往含有深刻的意蕴，请找出一个物品，并赏析物品推动情节的作用和它背后的文化内涵。

（2）线上游览"江宁制造博物馆"，阅读周汝昌《江宁织造与曹家》一书，你觉得"贾宝玉"是不是曹雪芹本人，为什么？从文中找证据。

（3）《红楼梦》又名"石头记"，鲁迅先生将"红"归于"人派"、王蒙认为小说聚焦于"情"的悲剧与"政"的衰败，一切"命"定，无可挽回；蒋和森将小说提炼主题为"反封建主义"……查找对《红楼梦》评述的有关文章，解读本书主旨。

四、设计说明

《红楼梦》是一部长篇小说，有别于《乡土中国》的学习经验，《红楼梦》虽然更具有故事性，但是对于学生来说阅读这样一本颇具文化内涵的长篇著作的经验，是比较少的。在本单元学习中，学生不但要学会运用精读、略读与浏览的方法阅读整本书，还要把握文本丰富的内涵和精髓。书本中的人物形象和传统文化浩如烟海，学生在阅读和探索时，主要应把握好人物形象的复杂性，尤其是女性形象，最后，通过联系作者生平经历和创作背景，剖析本书深刻的主旨。

学生阅读长篇著作，会遇到没有阅读抓手，不知道摘抄内容的窘境，基于此，设计了篇章阅读问题，帮助学生有的放矢地记录和阅读书本，这也为不知从何读起的学生提供了阅读支架。其中，既包含了人物形象的细节分析、厘清人物关系等，及时记录有效的信息，又能够帮助学生在本单元学习后期思考红楼文化。在通读文本的基础上，学生再理出贾府由盛转衰和宝黛爱情的情节线，整理两条主线，能够帮助学生把握《红楼梦》的全文结构和人物命运之间的关系，也为开展其后四个活动做好内容上的铺垫。

活动二中，教师通过提供给学生一些著名的故事片段，如宝玉挨打、林黛玉进贾府等，帮助学生精读重要的故事情节，这些情节背后往往蕴含着主要人物的性格特征，通过讨论和排演，以及观看演出、学生互评等环节，学生能联系全文，体会人物的复杂性。

在此基础上，我们更希望学生对红楼人物进行思辨性阅读，本书的一大特点就是总通过人名谐音、诗词、曲调、牙牌令、灯谜等文学形式，暗示人物命运，通过把握《红楼梦》这一独具匠心的写作方式，我们可以进一步启发学生人物命运和性格、故事走向的冲突之处，由此展开学生对了解《红楼梦》写作背景等的深度思考。

最后，我们通过活动四，提示学生从细节着手，再次精读文章，从文中找到具有文化内涵的物，可以是宝玉、金锁等定情信物，也可以是贯穿晴雯命运的孔雀毛披风……从《红楼梦》严谨的物品选取中，我们能进一步了解书本背后所包含的文化特征。

阅读《红楼梦》需要对背景有所了解，运用线上和线下结合的方式，思考贾宝玉和曹雪芹的关联度，借助曹雪芹的家世，再深入思考《红楼梦》的主旨意义。

"满纸荒唐言，一把辛酸泪，都云作者痴，谁解其中味！"《红楼梦》的创作无疑是作者呕心沥血的成果，学生能从粗读到细读，再拓展阅读，以此为起点，了解中国古代文化的内涵，应是本书阅读的重要教学目标。

积累阅读长篇小说的方法，引发学生的思考，也能帮助他们在后期学习中保持思辨性思维，这是本次整本书阅读最大的教学目标。

参考书目：

1. 邓彤著.《红楼梦》整本书阅读.上海教育出版社［M］.2020年2月。
2. 刘梦溪等著.红楼梦十五讲.北京大学出版社［M］.2021年3月。
3. 王蒙 白先勇等著.红楼梦文化十讲.上海交通大学出版社［M］.2022年1月。
4. 吴欣歆 许艳著.书册阅读教学现场.教育科学出版社［M］.2016年10月。

读原典，品经典

—— 学习小说阅读方法之《红楼梦》阅读设计

上海大学附属嘉定高级中学　王家宏

第一部分　红楼初见

设计说明：

阅读不应是一场从眼睛到文字的机械运动。阅读的动机不能仅仅是功利的，例如为了完成作业，为了增加自己某方面的素养。阅读一本书，尤其是一部体量大、内容丰富的书，能够让我们开始阅读、坚持阅读的原因一定源自兴趣。那么，兴趣从何而来？也许来自疑问、来自小小的好胜心、来自"我为什么要去读这本书"这样的"灵魂拷问"。

每当我们产生阅读兴趣，决定要开始读一本书的时候，我们还要提前做些阅读准备。要进行出版社、版本的比较选择，查找本书简介，明确阅读目标，预先思考阅读本书的意义、价值等。这些预读准备就像是一场戏剧的第一幕，一部电影的第一个镜头，它将更好地带领我们去进行一场兴趣盎然的阅读探索。由此，真正的阅读才将开始。

一、内容简介

《红楼梦》是清代曹雪芹所著，中国古代章回体长篇小说。原作80回。清乾隆五十六年、五十七年，高鹗、程伟元整理、出版《红楼梦》程甲本、程乙本。高鹗在原作基础上增加40回，使原作的人物、故事有了一种归结，成为完整本，这是现今流传的120回本的主要版本。《红楼梦》开篇有作者写作缘由的自述。整本书讲述了一块无才补天的女娲石幻化人形入世后的故事。虽以神界开篇，却写的都是人界大大小小、悲欢离合的故事。全书围绕贾、史、王、薛四大家族的人物展开，故事发生的主要地点为宁、荣二府，故事的主线有两条，一为贾府由盛到衰的演变过程，一为宝、黛、钗的爱情婚姻悲剧。《红楼梦》虽是一部小说，但该书包罗万象，涉及到文学、服饰、医药、饮食、建筑、风俗等方方面面的内容。《红楼梦》吸引了许许多多的读者，并产生了一门以它为研究对象的学问——红学。毫无疑问，像《红楼梦》这样的书籍读一两遍是远远不够的。每一次的阅读中我们的关注点不同，我们正在经历的东西不同，所获得的阅读成果、感受也会是不同的。曹雪芹说"世事洞明皆学问，人情练达即文章。"阅读可丈量世界。今天我们就从《红楼梦》开始。

二、版本介绍

【任务一】请以人民文学出版社《红楼梦》（纪念版）为文本，阅读书首彩印页及《出版说明》，并可据此扩大资料搜索，整理出全面、详细的《红楼梦》版本介绍的读书笔记。

三、阅读本书的意义和价值

随着电子产品，尤其是智能手机的发展，阅读具有了极大的操作简易性。这使得阅读成为当下社会中人们频繁进行的一种活动。阅读的概念也因此扩大。一切与文字阅读有关的活动我们都称之为阅读。但是，阅读的质量也出现了下滑。当下，人们抨击最多的莫过于碎片化阅读。对此，整本书阅读可以说是一种对碎片化阅读的反击。对同学们而言，阅读《红楼梦》一书将是一场完整的阅读之旅。

除此之外，同学们在阅读此书时是否还有其他思考或疑问？这些最初的思考或疑问很可能一闪而过，或者伴随着你接下来的阅读而被遗忘。然而，它们也许是你整个阅读过程中最具价值的学习内容、最有灵感的学习成果。

【任务二】请记录开始阅读本书前的疑问，并将阅读过程中的疑问也记录下来。

四、对本书的评价

评点是文学批评的一种特殊形式。所谓"评"即批评、评价，"点"即圈点。小说评点形式源于古籍注释、史著的论赞体例和诗文选本的选评等三方面因素。中国古代小说评点萌生于明万历年间余象斗、李卓吾对《三国演义》、《水浒传》的评点。脂砚斋评点是《红楼梦》评点中最主要与最具价值的评点之一。

除古代的《红楼梦》评点外，还有许多近现代名家都对《红楼梦》一书作过整体评价，这些评价或表明其自身阅读方法、经验、感受，或阐释该书的价值、意义等。

【任务三】请搜集摘录历代名家对《红楼梦》的评价或点评，以期在之后的阅读过程中能带给我们启发，加深我们的理解。

第二部分　红楼梦中人（人物与情节）

设计说明：

小说，是以刻画人物形象为中心，通过完整的故事情节和环境描写来反映社会生活的文学体裁。因而，人物、情节、环境是小说的三要素。注重研究和分析小说三要素是阅读、鉴赏小说的重要方法与途径。

这部分的阅读活动设计围绕人物、情节两个要素。同学们通过对《红楼梦》中人物关系的梳理、主要人物或自己感兴趣的人物的分析，达成整体了解《红楼梦》情节与人物架构的学习目的，掌握分析人物形象的方法。

一、寻找红楼梦中人

《红楼梦》中人物角色众多，人物关系复杂，出场顺序不一。因而，将书中众多的人物归类，制作出一份人物关系图谱，并据此进行接下来的阅读，有助于将人物放在关系网中，更好地理解人物，把握小说情节发展以及主题内涵等。

【任务一】将红楼梦中已出现的人物按一定的标准分类，并依据自己的标准制作人物关系图。

例如，可按照四大家族分别绘制各个家族的人物关系图。在各家族内部又可根据人物的主仆身份，绘制人物关系图。

二、描影红楼梦中人

《红楼梦》中的人物众多。但是，不论大人物还是小角色，曹雪芹在书中都有精彩刻画。不同读者因个人喜好、人生经历等的不同，会偏爱不同的人物形象。选出其中在某方面具有代表性的一个人物，对其进行详尽分析，有助于我们透过一个人去认识一类人，并将同类人物横向比较，对比分析文学作品中的某一类人，更好更深刻地认识不同文化语境、不同作家、不同时代对某一类人物、某一类命题的表达特点与内涵。

【任务二】围绕《红楼梦》中某一人物，梳理有关的主要故事情节。

探知人物形象需从人物一言一行中进行。从原作中抽离出有关某一人物的主要故事情节，将其进行概括，并标明章节出处，使之前后关联。这样，我们可以对人物的一生有完整的认识，在人物所经历的事件中看到人物的变化、成长。

【任务三】分析《红楼梦》中的人物形象。

请同学们给出选择人物的标准，分析两个人物的形象，同时注意从性格、外貌、神态、语言、心理、动作、身世、职业等等角度对所选择的人物进行较全面的分析。

除对人物本身的分析外，试着对作者表现人物的方法进行分析。

第三部分 红楼梦的两个世界（环境）

设计说明：

阅读《红楼梦》，首先应阅读原著。但是，面对这样一部内涵丰富的著作，我们很难只靠自己就达到一定的阅读深度。因而，要学会站在巨人的肩膀上看世界。从《红楼梦》诞生之日起，就有很多读者对之进行了深入的研究。他们的研究与研究成果，诞生出一门有关《红楼梦》的专门学说——"红学"。从文学研究角度看，经过历年来各位专家学者、各高校学生以及普通读者的研究，有关该书的研究成果颇丰。直至今日，在红学研究中若要再出新的研究成果，应当说具备一定的难度。但对广大读者而言，这些丰富的研究著作可以帮助我们更好地理解《红楼梦》一书。在此，推荐同学们阅读余英时《红楼梦的两个世界》一书。余英时在该书中将《红楼梦》的世界分为了大观园世界与大观园以外的世界，前者是理想的世界，后者是现实的世界。此外，还有研究者将《红楼梦》的世界划分为"石"与"玉"的两个世界。

那么，同学们在此基础上是否得到了其他启示呢？

小说三要素分为人物、情节、环境。在前面的阅读环节中，我们已经对其中的人物、情节做过了分析。

【任务】请同学们从社会人文环境（如佛与道、女性世界与男性世界）或自然环境（如大观园内、大观园外，贾府内与贾府外）的角度对《红楼梦》的世界进行分析。写一篇1000字左右的文章。

第四部分 总 结

设计说明：

阅读本书后，同学们对小说中的一些信息应有整理与记忆储存，能对这些内容形成一些独特的分析、理解。阅读完整部小说后，同学们可通过一些任务活动查验自己达成了哪些阅读目标，收获了哪些阅读成果。这既是对自己阅读学习的反馈，也可以作为日后再次阅读或进行其他学习活动时的学习资料。

【任务一】请设计一些有关《红楼梦》文学文化常识类选择题或填空题。班级里，3—5人组成一个小组，成员选出小组长。小组长将各人任务一的内容进行分解和汇总，整理出一份《红楼梦》文学文化常识的阅读测试卷。课代表再将各小组测试卷进行整理合并（50题的题量，题型为选择与填空）。全班利用半个课时时间测验，算出个人得分。

【任务二】请推荐一些在阅读过程中你查找到的具有一定价值的研究论文与专著，将篇目列出，并在每一篇目下对其主要观点进行概括。每位同学读书笔记的形式呈现，最终将读书笔记陈列在班级，同学们可相互参看学习。

【任务三】制作一个有关《红楼梦》的PPT，加入图片、音视频、文字等内容，准备一个20分钟的个人学习成果展示。成员利用课余时间在小组内部交流。小组进行讨论后，合作制作一份吸收小组成员成果的PPT，选出一个发言代表，在课堂上展示。

总体设计说明：

《红楼梦》是中国古代长篇章回体小说。它是一部完整的作品，但每一回又是一个相对独立、完整的故事段落。从体量上看，它篇幅长、容量大，涉及的学科广，必须不厌其烦地反复阅读，常读常新，最终读懂读清。部编版高中语文教材选择了《红楼梦》作为高中阶段整本书阅读的一个内容。但是，在实际的阅读过程中，学生囿于现代化的社会生活环境以及人生阅历不足等问题，对这样一部看起来全写的是"家长里短"，实际内涵又较深的书籍，会缺乏阅读兴趣，欠缺阅读方法与能力。对一些语文基础、能力较弱的学生而言，阅读《红楼梦》的难度又将增加。因而，本篇《红楼梦》的整本书阅读设计，主要针对《红楼梦》的初读者。小说内容简介、版本介绍、阅读意义与价值的思考、历代名家评点等阅读环节，将使学生对《红楼梦》有个整体认知，启发学生思考在当下阅读这一古典文学名著的意义与价值。本设计重点是从小说三要素"人物、情节、环境"角度入手，梳理人物关系、分析某些代表性人物的形象及其有关情节，让学生具体感受小说这一文学体裁的主要特点，了解《红楼梦》的主要框架、人物、构思等。整个阅读活动中，希望学生能通过前人研究成果，借鉴其研究视角，不断深入阅读，在理解这部小说时获得一些启发。

泛览·深识·通变

——以《红楼梦》阅读策略为例

上海市杨浦高级中学　李润玉

新课改后,"整本书阅读"成为探讨的热点。《普通高中语文课程标准(2017年版)》将"整本书阅读与探讨"任务群置于18个学习任务群的首位,凸显了阅读在语文学习中的基础性地位,也彰显了阅读对于语文素养提升的重要作用。

课标要求,"必修阶段整本书阅读任务群安排1学分,共18课时,应完成一部长篇小说和一部学术著作的阅读,重在引导学生建构整本书的阅读经验与方法。"可见阅读经验与方法的建构是整本书阅读的教学指向,教师的工作不止是让学生读完"这一本",更应引导学生会读"这一类",满足学生今后阅读时在方法指导方面的需求,帮助学生通过阅读打开探寻世界的窗口,获得理解自身、丰富精神世界的给养。课标还指出,"在选择性必修和选修阶段要运用这些经验与方法阅读相关作品,不专门安排学分。"也就是说,"整本书阅读与探讨"这一任务群需贯穿高中学习的三个学段,也即贯穿于三年的语文学习之中,而不是只在必修阶段需要完成的任务。

既要关注方法、也要贯穿学段,是指导整本书阅读的两大关键点。学生的认知能力与思维水平在不断发展之中,读书之法应遵循一定路径而由浅入深,不同课程阶段的阅读重点也应有所侧重,这就要求教师在示范引导、构建学习任务序列时,要关注生成性。所谓"生成",即依托学生认识水平的发展进行学习任务的有机、动态串联。教师组织多层次的学习活动,学生综合运用阅读策略,通过多轮阅读,逐步走向深度学习。进而,在选必和选修阶段,学生能够自觉运用必修阶段所建构的阅读经验与方法，在自主阅读时，能有所侧重地展开研读。

那么，如何生成整本书阅读的实施路径呢？需站在学生角度，从整本书阅读的特点与难点出发，也需从前人的阅读经验中汲取养分。课标要求固然是以学生课外阅读为主体，但教师的任务并不少，要有侧重地拟定学习任务单、落实计划、激发兴趣、引导方法、组织交流。就阅读长篇小说而言，以必修（下）《红楼梦》阅读单元为例，宏大的篇幅与架构、错综复杂的人物关系、艰深的内涵，都给学生阅读提出了挑战，如果任务设置不当，学生刚接触时难免心生畏惧，兴致索然，阅读过程中也是应付了事，读过几回便难以为继，更遑论专题探讨了。教师可以有所侧重地引导学生反复阅读，一次解决一到两个难题，基于此，可依托阅读的深浅难易，设定三级目标，以目标为导向，根据不同的阅读目的组织多层次的学习活动。

一、泛览得趣

泛读，意在追求短时间内的整体性把握，在需要处理大量信息和快速形成直观印象时，是一种行之有效的前置操作。经由泛读所激起的求知欲，也能很好地推动阅读的梯次开展。趣味性，是激发学生进入文本的最重要因素，由教师去谈论经典的文学价值、文化价值，可能很难让学生动容。相反，让学生在最初接触时就有新鲜感、有探究欲，觉得和以往的了解不一样，觉得确实有些味道，教师便可适时引导，使阅读走向深入。

阅读长篇章回体小说，泛读的优势尤其明显。首先可依托"回目"为切入点，完成对全书体例和框架的基本把握，明确整本书的结构形态。《红楼梦》的回目简练工整，精要地概括了各回的主要内容，是全书的提纲，是开启全书的钥匙。此外，回目在词句上工巧雅致，颇具文采，也有很高的审美价值。在整本书阅读之前，可通过抄写回目，既初步了解整本书的内容及主线，了解主要人物及其相关故事，也感受文辞之美，为阅读的开展打下基础。学有余力的同学，或可从回目中发现若干深意，探得虚实关系等，也可以作为后续阅读的兴趣点、探究点。

接着便进入对整本书的泛览。单单是阅读回目所得的兴趣，难以支撑当下的高中学生看完约百万字的巨著，尤其是整本书阅读的任务大多放在假期，学生娱乐的愿望很容易盖过阅读的愿望。此时，针对学生"读不下去"的情况，为了让学生"连滚带爬"地首先完成略读工作，可适当采用跨媒介的方式，为阅读增添趣味性。例如，引入"线上闯关"这一游戏和竞赛模式，将阅读任务分割为十回一个阶段（一关），每关设置若干题目，学生阅读后进行闯关，得分合格者方可进入下一关。同时设置成绩排行榜，同学之间可以比赛竞争，也可参考其他班级、学校的阅读情况，最终完成阅读后，得分高者可获得礼品。如此，以闯关比赛的形式生成阅读动力，推动学生通读全书。

此外，还可以以其他媒介形式辅助阅读，例如热门学者讲座、影视作品、戏曲、有声书、视频剪辑等，都可帮助学生对全书内容和主要人物有基本把握。

学生完成基础阅读后，虽有整体把握，难免还会有些隔膜，众多人物和线索，一时间难以厘清，此时可通过画图表的方式辅助理解。《红楼梦》由两条主线组成网状结构，一为"家门败落/风流云散"，即四大家族由盛转衰的过程，一为"人物聚散"，即宝黛爱情悲剧及大观园人物命运。教师可引导学生以此为线索，画出时间轴，梳理情节。同样的，《红楼梦》中人物众多，容易混淆或遗忘，也可安排学生用思维导图的形式呈现人物关系，并在两个人物的连线上标出与二人相关的重要事件。在此基础上，可以选择一组人物重点探究，列出其关系的发展变化。

在完成以上工作后，学生对小说有了虽然粗略却相对清晰的了解，此时，教师可以出场完成带读、导读的工作。这是对泛读的收束，也是对阅读兴趣的再激发，开启后续专题研究。《红楼梦》前六回是小说的开头，也是全篇小说的高度浓缩，在结构上有重要意义，全书的主要人物、环境背景、情节发展脉络、人物命运基本上由此交代出来，小说的情节发展在此基础上展开。由教师带读、导读，可让学生对全书脉络和要旨有更明晰的把握，加深宏观的、全局的理解，填补自读时忽略之处，对后续开展专题探究至关重要。

二、深识鉴奥

"深识鉴奥"是刘勰在《文心雕龙》"知音"篇提出的主张。"知音"篇，取高山流水知音难觅之意。文学作品有其抽象性，又有其复杂性，读者与作者的主观经验也往往千差万别，这必然会造成鉴赏的难度。但是，虽困难却终究有方法，刘勰在"知音"篇中全面而精到的说明，开我国阅读、鉴赏、批评理论之先河，称得上是中国古代阅读理论的杰出成就。文中写道："披文以入情；沿波讨源，虽幽必显。"指的是即由阅读文辞深入到作家的内心世界，从外显之处追根溯源，则即使隐微的也可以变得显豁，这是语文教师熟悉的解读文本的路径。刘勰又指出，"夫唯深识鉴奥，必欢然内怿"，阅读中要深入感悟作品情志，评价其艺术价值，能看到作品深意的人，就必能在欣赏杰作时获得内心的享受。

高中阶段的整本书阅读与初中阶段侧重点不同，就阅读古典小说而言，要求学生在了解题材、赏析手法和语言、理解人物形象的基础上，整体把握全书的思想内容和艺术特点，通过反复品味和深入探究，探析主旨和人物精神世界，研究作品的艺术价值，这与刘勰的观点有内在一致性，也即：细读、精读、深读；品味、欣赏、探究。

《红楼梦》博大精深，文化内涵丰厚深邃，学生要想"读懂"，就要抓住一些重要的故事、人物、场景反复品味，体会深意。本阶段的阅读活动可以专题的形式展开，例如，设置专题研读、专题写作、专题活动、专题探究四个部分，引导学生由浅阅读走向深阅读，将学生的思考引向深入。

其中故事情节是最容易被学生接受和把握的，设计专题系列活动时，可以先从研读精彩片段入手。《明清小说鉴赏辞典》选出《红楼梦》的34个片段来加以欣赏，以此为参考，可让学生先阅读示例，随后组成学习小组，从中选择一个片段进行文本赏析，从故事、人物、场景、语言等角度入手，阅读品味、交流分享，也可将其放入主线中，分析主题。

《红楼梦》中特色鲜明的诸多人物历来被广泛讨论，书中人物的形象、性格大多是复杂的、多面的，且有代表性。初读时，学生可能会有距离感，难有共鸣，也谈不上喜欢，而在环境背景之中，会随着情节发展而生感慨，对其命运、结局心有戚戚。可设置专题写作环节，让学生选择一位感兴趣的人物，先为其画出年谱，再为其编写小传，并模仿史家笔法，在文后撰写一则评议。

在此基础上，考虑设置有趣的活动，让学生对书中女性群像有全面的理解，可安排制作花神书签的专题活动，请学生思考，如果要为"金陵十二钗"制作花神书签，你会为她们选择什么样的代表花卉？如果从书中配两句诗，会选哪两句？带动学生对诗文与人物性格、命运的关注。

此时，学生应各自有了兴趣方向，可拓展开去，让他们各自研究，展示活动上百花齐放。例如，设置"红楼风俗纪"专题探究活动，关注更广泛的"红学"文化。具体可分：

（1）四时物华：找出书中节庆习俗，列表梳理，品味文化内涵。可从礼仪、习俗、饮食、穿着、游戏等角度入手。

（2）诗文撷英：阅读黛玉《葬花吟》、宝钗、黛玉咏白海棠的诗作，香菱学诗时所作的几首诗等，结合人物身份、性格、思想进行对比赏析。

（3）梦之园：列出主要人物及其居所，从居住环境、陈设布置中分析人物的不同性情志趣和审美修养。

总而言之，此阶段的阅读，需进入语境，重点突破，攻坚克难。所谓"深识鉴奥"，不是教师将更艰深的"红学"知识教授给学生，而是学生通过学习活动走向文本深处，看到更广阔的文本世界观。

三、通变启智

熟读精思之后，便走向更加专业的研究与当代反思。经典之所以为经典，在于常读常新，揭示人性之共通，文化之传承，学生通过阅读获得文化感知，对生活多一种理解方向。文本始终在生成之中，一代代读者赋予它新的内涵，通变，就是不单一孤立地看文本，就是关注继承和革新的问题，在价值的持续发掘中比较、辨析、反思。

关注《红楼梦》的迭代累加价值，以至于丰富其当代价值，作用于学养积淀，对高中生而言显得尤为重要。其悲剧背后的社会历史、兴亡盛衰、文化，其深处的对生命、对命运的咏叹，都是值得学生们重点关注和仔细再研究的。此阶段的阅读可以由书本拓展开去，概览"红学"经典研究成果，通过群文阅读、比较阅读、批判性阅读的方式，深入体会小说意蕴，并自主思考，大胆表达。

历来，对于《红楼梦》的主题，众说纷纭，不同社会背景赋予其不同内涵，鲁迅说："单是命意，就因读者的眼光而有种种：经学家看见《易》，道学家看见淫，才子看见缠绵，革命家看见排满，流言家看见宫闱秘事……"而对作品的研究，首要是主题，在这个打通了研究纵深的切入点上，可以引导学生纵观各家之说，撰写研究综述。学生查找、梳理、比较关于《红楼梦》主题的研究成果，撰写文章阐明和梳理研究现状，并自主归纳、自主思考，得出自己的观点。此过程指向研究能力的培养，可以与研究性课题相呼应，让有志于语言文学的学生由阅读鉴赏走向学术研究，实现高中与大学的接轨。

至此，学生的阅读任务序列涵盖了主旨以及艺术价值的主要方面，自读学程比较充实和丰富，进而，学有余力或是兴趣浓厚的同学，还可以进入"红学"的大门一窥。教师可适时引导，不必细究派别，只给出学生可以探究的角度，学生运用研究主旨时的习得的学术方法，独立自主展开探究。《红楼梦》可探究的方向有：评点（脂评为主）、生命哲学、经济（探究贾府财政问题）、谜语与隐语、神话、心理学、风景园林等等。学生的研究可更多与当代文化或其他学科融合，指向实践，使所思所得化为自身的文化素养。

综上，用三级目标引领整本书阅读的生成性路径，建构整本书阅读的经验、读法，学生得以在任务的逐步推进之中生成和加深认识，领略小说的魅力，促进对中国文化的理解。教师在优化教学设计时，指向明确、重视方法、重视过程、关注情境与实践，当是题中之义。

附：《红楼梦》整本书阅读学习任务单

活动设计一：浏览，抄写回目

活动设计二：通读，线上闯关

活动设计三：梳理，纲举目张
（1）梳理情节，画出时间轴
（2）梳理人物关系，画出思维导图

活动设计四：导读，提纲挈领，爬梳总纲

活动设计五：专题研读之——精彩片段细读
附：34个片段

黛玉入府、梦游太虚、焦大醉骂、凤姐设局、可卿之死、元春省亲、共读《西厢》、宝钗扑蝶、宝玉挨打、海棠诗社、姥姥游园、真假之情、鸳鸯抗婚、香菱学诗、除夕祭祠、探春理家、紫鹃试玉、湘云醉眠、群芳夜宴、三姐饮恨、二姐殒命、惑谗抄园、晴雯屈天、潇湘惊梦、颦卿绝粒、黛玉焚稿、绛珠归天、紫鹃拒令、司棋殉情、探春远嫁、迎春夭折、惜春出家、姥姥济人、大地茫茫

活动设计六：专题写作之——人物小传

活动设计七：专题活动之——制作花神书签

活动设计八：专题探究之——红楼风俗纪
（1）四时物华
（2）诗文撷英
（3）梦之园

活动设计九：撰写《红楼梦》主题研究综述

活动设计十："红学"初探

生活的百科全书，语言的百科全书

——《红楼梦》阅读活动设计

上海市同济中学　戴晓艳

《红楼梦》是长篇章回体小说。曹雪芹运用现实主义写法，向我们铺开了十八世纪钟鸣鼎食之家的日常生活画卷，让我们看到了以贾府为中心的四大家族由鼎盛而至衰颓的过程，也看到了以宝黛爱情悲剧为中心的众女儿之不幸命运。

《红楼梦》被王国维誉为"艺术的绝大著作"，被周汝昌先生评为"中华文化的一个综合体和集大成"，被王蒙赞为"生活的百科全书，语言的百科全书。"这样的一部古典文学的巅峰之作，对于拓宽学生视野，获得阅读整本书的学习经验，提升阅读品鉴此类书的能力，以及学习与思考、继承与发扬中华优秀的传统文化，进而促发学生有更深刻的生命感悟且得到精神滋养与成长，皆具有重要价值与意义。

根据学生特点与需要，笔者推荐学生阅读的版本为人民文学出版社出版的《红楼梦》，其前八十回以庚辰本为底本，后四十回为程甲本。这个版本由中国艺术研究院红楼梦研究所校勘，聘请了吴世昌、周汝昌、启功等老红学家作为顾问，已刊行近四十年，詹丹教授认为其艺术价值高，适合作为基础读本。

《红楼梦》所在单元属于课程标准设置的"整本书阅读与研讨"学习任务群。课程标准对于该任务群的学习目标与内容，有如下表述："在阅读的过程中，探索阅读整本书的门径，形成和积累自己阅读整本书的经验。重视学习前人的阅读经验，根据不同的阅读目的，综合运用精读、略读与浏览的方法阅读整本书，读懂文本，把握文本丰富的内涵和精髓。""联系个人经验，深入理解作品；享受读书的愉悦，从作品中汲取营养，丰富自己的精神世界，逐步形成正确的世界观、人生观、价值观。"

　　阅读《红楼梦》全书，学生需体会作者在日常生活的细腻叙写中寄寓的深刻思想内容与丰厚文化内蕴，了解小说展现的社会风貌和生活习俗，领悟小说深厚的社会内涵。能梳理小说主要情节，理清情节主线，把握小说精巧的艺术结构；建构并积累阅读长篇小说的方法和经验。理清人物关系，欣赏人物形象，把握主要人物复杂的性格，深入探究作品的内涵和主旨。分析小说的艺术手法，整体把握小说的艺术价值，获得审美感悟，丰富自己的精神世界；品味和欣赏小说语言，提高语言鉴赏能力和运用能力。基于这样的考虑，教材中六个学习任务主要扣住了长篇章回体小说的体式特点，从人物、环境、语言、情节、主题等方面进行设计。这也给本活动设计提供了依据和启发。

　　阅读此类书籍需掌握一些基本方法：第一，进一步积累阅读长篇章回体小说的方法和经验。学生对古代长篇章回体小说的阅读并不陌生，初中阶段就安排了"名著阅读"《水浒传》等，初步学习了古典小说的阅读方法。高中阶段继续阅读古代长篇章回体《红楼梦》，则更进一步要求学生在初中的基础上有所提升。研读回目，体会章回体小说特色。回目是显著的名族特质，每一章的回目都是此章小说内容的高度概括，对于这样的小说整本书教学来说，回目是一个重要资源，读者能够通过目录读出故事发展的脉络。我国四大名著中其他三部也都是章回小说。第二，重视学习前人的阅读经验，根据不同的阅读目的，综合运用略读、精读与研读的方法阅读整本书。"略读"是"观其大略，不求甚解"地读。其主要方法是遵循一定需要，跳读段落和章节或者快速通读，概括全书核心内容。"精读"即字斟句酌，用心领会，深入细致地阅读。在精读时应做好批注，学会质疑。"研读"是精读的发展，目的在于在阅读中或阅读后发现问题进而提出解决办法。可检索资料和相关评论，再进行信息整合，最后撰写读书笔记、学习心得或形成专题研究小论文。第三，批注式阅读。批注式阅读是语文学习的一种重要方法，也是读者对知识进行吸收的过程，对于批注，主要有三大方面：于质疑处批注、于认同处批注、于启迪处批注。如前所述，一般是在"精读"时运用，批注内容，概括情节，批注经典段落，把握人物形象，批注问题，产生思考等等。

本活动设计共设计四个活动：

活动一：绘制主要人物关系图。

活动提示：《红楼梦》编织了一张错综复杂的人物关系网。建议同学们略读前五回，特别关注前五回中冷子兴"演说"及林黛玉进贾府所见的宁、荣二府面貌，理清贾家主要人物关系，并绘制贾府人物关系图。每位同学皆需完成关系图，最后选择公认的最佳版本，绘制人物关系图海报在班级中展示。后续浏览全书后，还可充分利用回目将主要人物之间互动的情节关系标记在关系图上作为补充。

设计依据：本活动的设计主要是为了让学生通过绘制《红楼梦》中的人物关系图，引导学生理解小说众多人物之间的关系。学生梳理人物之间的关系和互动，可以由此深入理解人物形象，把握小说情节发展脉络，领悟小说丰厚的社会内涵。人物之间关系复杂，在绘制人物关系图时学生也可以有进一步的思考如贾政和宝玉，既有人伦中的父子关系，又有思想上的封建卫道者与叛逆者的关系。这时候可以提醒学生随时做好批注，做好积累。

活动二：走近人物系列活动。

1. "我读你听"活动。
2. "你演我猜"活动。
3. 人物访谈。
4. "宴会策划谁最行"活动。

《红楼梦》中的人物性格多样并复杂，请同学们参与四个具体任务：

任务一要求同学们分组，有感情地朗读人物语言，做成音频，分组分享音频，猜想这是谁的语言。

任务二要求不说话，用肢体语言、神态表现来表演人物，其他同学猜想表演的人物。相比第一个任务，第二个任务更要求同学关注细节感受感悟。

任务三将同学们分成两组，A组同学以记者身份，设计人物访谈问题并进行采访，B组同学以被采访的红楼人物身份，回答问题，完成访谈。

任务四请同学们以不同人物身份作为宴会活动策划者，写企划案。宴会活动可以是生日宴、节日宴、游赏宴等。

活动提示：建议同学们精读第二回、第三回，将冷子兴"演说"和林黛玉观察的主要人物的身份地位、性情志趣记录准备。浏览全书，精读描写人物居住环境和言行举止的细节，理解人物的不同性情志趣和审美修养。选择自己感兴趣的人物着重并精准准备，分组完成四个任务。

设计依据：活动二的设计是系列活动，从通过台词熟悉不同人物的语言风格和语言特点，到无声表演，主要通过人物眼神、动作来感受人物特点，再到通过人物访谈，进一步剖析人物内心活动，通过领悟了每个人的个性特点及多样复杂性后，策划各种宴会是进一步走近人物外化表现。

教师需引导学生完成准备工作，可以引导学生细读某一个人物的相关段落，细读描写人物的细节，探讨人物性格的多样性和复杂性，领会小说敢于如实描写"真"的人物的艺术特点。《红楼梦》中的原型人物，好人不完全是好，坏人不全都坏，是"正邪两赋而来"的，如贾宝玉真体贴而又"爱红"的毛病，林黛玉清逸脱俗而又爱使小性儿，宝钗端庄稳重而又受封建思想束缚。曹雪芹既写出了众姐妹的青春和诗意，也写出了他们的薄命与不幸。他们有令人敬服的才情，也不乏真实的人性弱点。

组织学生朗读、表演等能促使学生愉快阅读，语文学习最根本的媒介还是语言文字，引导学生学会在阅读的过程中感受、欣赏、表演、点评作品高超的语言技巧，从而提高学生的语感。这样的体验不仅帮助学生积累必要的阅读资源，而且丰富了学生语言文字运用的经验，能更好地挖掘作品中人物特点表现，更深刻领悟作品主题。

活动三：以宝钗黛关系为中心进行主题探讨的系列活动。

1. 排演情景短剧。
2. 拟宝玉、黛玉、宝钗的书单。

活动提示：建议同学们精读第八回"黛玉含酸"、第二十三回"共读西厢"、第三十二回"共诉肺腑"、第三十四回"探望宝玉""赠帕题诗"等细节。精读第二十八回"羞笼红麝串"、第三十四回"钗探宝玉"、第九十七回"宝钗出闺成大礼"等细节。第三十二回"共诉肺腑"，比较宝玉对钗黛的不同评价，比较第三十四回钗黛"探望宝玉"的言行举止。精读描写宝黛钗情感纠葛的细节，理清人物间关系的发展过程，如梳理宝黛间关系的发展阶段，理清宝黛爱情情感的发展变化及不同流俗之处。做好批注，为表演情景短剧积累素材。分组分享后，设计排演情景短剧，可以排演以上重点章节经典情景，例如在第三回，写林黛玉初进贾府，与贾宝玉第一次会面时，贾宝玉做出一个最具戏剧性的动作，是把他身上佩戴的一块通灵宝玉，所谓的"命根子"狠狠摔倒了地上。也可以新编，例如用微信群设计情景，如贾宝玉在"大观园"群中说，自己"挨打"了，大家是怎么说的？之后去看望他时又是如何表现的？

建议为宝玉拟书单时，略读第三回至第三十六回，试着梳理宝玉的读书清单，并合作探究：宝玉明明读书多，为什么众人批评他"不喜读书"？精读第二回、第三十六回、第五十九回中叙写贾宝玉"女儿观"和"男儿观"的细节，思考你认同宝玉的人性观吗？为什么？梳理宝玉对人、对物的态度，你觉得宝玉"情"痴在何处？你喜欢这样的"情痴情种"吗？

为黛玉拟书单时，关注她与周围人相处时的态度，例如精读在第八回，看到她惯以尖酸刻薄来使气逗才，不过，她借以嘲笑、挖苦他人的思想前提的原因是什么？与传统的价值标准有何关系？还可精读《葬花吟》，品味林黛玉诗歌哀婉凄切的情感，泛读黛玉其他诗词进一步了解黛玉。在大观园中，林黛玉无疑是最具有自我意识，最具独立个性的女性形象。

为薛宝钗拟书单时，可关注薛宝钗作为女性的个体意识与理性争斗脉络的关系，精读第三十回，薛宝钗从大怒到冷笑，其心理经过了怎样一番冲突与调节？她的反击为什么会不温不火地表现出来？第三十七回，和史湘云作诗，发表了一番高见，最后却来个一百八十度大转弯，道是："究竟这也算不得什么，还是纺绩针黹是你我的本等。"其原因是什么？

为三个人物拟书单，可以是梳理《红楼梦》中提及的他们所看之书，也可以拟当代书的书单，并注意说清理由。

设计依据：活动三是最为重要的活动，它更强调的是人与人的关系，将问题主要集中在探讨宝黛钗感情纠葛上。一方面这更能引起青春少年们的阅读兴趣，另一方面，从宝黛钗的情感纠葛入手，理解《红楼梦》相对容易些，并且也十分有价值和意义。宝黛钗会发生情感纠葛的原因，可以从他们的日常相处探查到，也可以从他们的身世、哲学思想、精神诉求等方面考虑，这些都是本设计希望学生探究与思考的方向。为宝玉、黛玉、宝钗拟书单，是为了进一步理解宝玉崇尚人性自由、爱情自主的思想同封建正统思想之间的冲突；体会宝黛不同流俗的地方；体会宝钗与黛玉情感的独特之处；体会宝玉、宝钗情感关系的悲剧意蕴；理解宝玉疏宝钗亲黛玉的原因。

薛宝钗与林黛玉作为两个对立的人物形象出现在作品中，不仅在于思想心理等社会因素，也在于生理的、身体等自然因素：温柔敦厚和尖酸刻薄作为两种形象风格，可以给人们产生各个层面上的联想。

宝玉之所以选择黛玉而非宝钗，既不是因为门第，也不是因为美貌，更不是因为一般意义上的脾气，而仅仅是因为黛玉从来不和他说那些仕途经济的混扎话。在这里，传统的浅薄而外在的"怜才爱色"的爱情模式，已经为新的追求内在思想性格一致的爱情婚姻观所替代，这种爱情观不仅在当时是一个了不起的突破，而且即使在今天也还没有失去其进步意义。

宝黛爱情的内涵，已远远不止一般的男女情欲之爱，而是有更深的社会思想内涵的，尽管他们对理想只是朦胧的，但对现实的反对是清醒的。这就是宝黛爱情的新的社会内涵。

活动四：安排人物结局。

请每位同学为自己选择的某一位主要人物安排一个命运或结局，可选择进行独幕剧表演。

活动提示：建议设想的线索和依据可以参考第五回中暗示了主要人物命运的谶语以及前八十回体现出来的创作思想。

设计依据：最后一个学习活动，主要还是为了体会《红楼梦》的主题，能为主人公安排合理结局，就意味着学生能体会小说的思想意蕴了。《红楼梦》是顽石的"传记"，叙述了红楼儿女的不幸人生和封建大家族的盛衰巨变，从而表达了对社会人生的独特感悟。读《红楼梦》，我们都会感受到小说中渗透着对人的有限生命和人的命运的最深沉的伤感，它像一声悠久的叹息，使整部小说充满了忧郁的情调。正是这种叹息、这种忧郁，使《红楼梦》弥漫着浓郁的诗意。这种人生感集中体现在小说的两位主人公贾宝玉和林黛玉的身上。贾宝玉和林黛玉就是两位对生命和命运最敏感、体验最深刻的人物。他们常常惆怅、落泪。但他们的惆怅、落泪不仅仅使感叹他们两人爱情生活的不幸，而且还是出于对生命、人生、存在的一种带有形而上意味的体验。

"若说没奇缘，今生偏又遇着他；若说有奇缘，为何心事终虚化？"这种悲剧，往往不仅使时代的悲剧，而且使人生的悲剧。再合理的社会，也不可能使一切有情人终成眷属。悲剧上升到人生的悲剧，就有了形而上的味道。贾府兴衰是人祸，从深层次看，也是一种不可抗拒的命运的力量。学者对其主题的研究论述丰富：如鲁迅先生将小说归入"人情派"；王蒙认为小说聚焦于"情"的悲剧与"政"的衰颓，一切"命定"，无可挽回；蒋和森将小说主题凝练为"反封建主义"……

本活动设计中考虑到学生的学情，以及初读《红楼梦》的实际情况，并未过多涉及欣赏小说人物创作的诗词，这部分可以让学有余力的学生尝试。引导学生通过赏析小说中的诗词曲赋理解人物的个性特征。大观园宛然一座诗意的乐园，激发了众姐妹对美的礼赞，对青春的觉醒，对生命的梦想。感受诗歌的审美价值，能更好理解人物的情感心理与性格特点，理解作者的思想。因此，《红楼梦》的活动设计角度千千万，本设计只是其中一个角度的尝试，希望对学生有助力作用。

参考资料：

［1］高翀骅.基于深度学习的任务群教学——《红楼梦》整本书阅读教学案例［J］.语文教学通讯，2020（07）.

［2］诸定国.情境学习视阈下的学习任务群建构——以《红楼梦》整本书阅读为例［J］.教育研究与评论（中学教育教学），2020（02）.

［3］印璇.整本书阅读的三个支点：任务·活动·情境——以《红楼梦》整本书阅读为例［J］.中学语文，2020（33）.

［4］张安群.艺术绝大著作 生活百科全书——《红楼梦》"整本书阅读与研讨"教学设计及实践［J］.中学语文，2018（25）.

［5］谢瀞.浅谈整本书的阅读活动设计——以长篇小说《红楼梦》为例［J］.语文教学通讯，2020（04）.

［6］詹丹.《红楼梦》整本书阅读策略［J］.语文学习，2020（04）.

［7］詹丹.《红楼梦与古代小说研究》，东华大学出版社，2003.

献给孤独者的花束

——选择性必修上册第三单元外国作家作品研习活动设计

上海市杨浦高级中学 周丽倩

尽管高中阶段整本书指定阅读作品确定为《红楼梦》和《乡土中国》,但对于高中语文课内外整本书阅读活动的探索却并不止步于这两本书。在日常教学中,教和学双方都有结合课内进一步拓展至阅读整本书的需求。尤其是在《选择性必修上册》第三单元外国作家作品研习中,四篇课文皆是学生"耳熟不能详"的外国经典作品,学生往往抱着"敬而远之"的心态对待。如何在课上激发兴趣,课后启发思索,让学生保持阅读热情,将课堂阅读引申到课外的整本书阅读,以此来提升阅读品味,提高阅读能力就成为教学设计时必须思考的问题。

一、设计说明

(一)外国文学作品的特点

区别于《红楼梦》和《乡土中国》,《选择性必修上册》第三单元的四篇小说全部节选自外国文学作品,分别展现了不同时代、地域的社会生活和人类生活,因此,不能忽视文学作品的"外国"这一特点。2017版《语文课程标准》在谈到外国作家作品研习任务群时指出,该任务群"旨在引导学生了解若干国家和民族不同时期的社会文化面貌,感受人类丰富的精神世界,培养阅读外国经典作品的兴趣和开放的心态",还要求将教学的关注点放在作品特殊的语言、审美、文化上。

外国文学作品语言的特殊性在于它是经译者翻译后的语言,这点在教学中经常被忽略,但在学生的阅读体验中往往会因为不习惯"翻译腔"或者作品个性化的语言风格而放弃阅读整本书,抑或是领略不到小说的美感。因此,需要教师在学生阅读前对翻译作品的特点、作品在中国的接受史、作品重要的译本等进行简单介绍,帮助学生解决因为不习惯翻译后的语言产生的问题。另外,教师也可尝试在教材选定的译本之外挑选一些经典译本的片段进行赏析,在提高学生品鉴能力的同时令其解译本挑选的原则。以《老人与海》的开头为例,可以选取余光中翻译的版本和教材选定的版本进行比较:

那老人独驾轻舟,在墨西哥湾暖流里捕鱼,如今出海已有八十四天,仍是一鱼不获。开始的四十天,有个男孩跟他同去。可是过了四十天还捉不到鱼,那男孩的父母便对他说,那老头子如今不折不扣地成了晦气星,那真是最糟的厄运,于是男孩听了父母的话,到另一条船上去,那条船第一个星期便捕到三尾好鱼。他看见老人每日空船回来,觉得难过,每每下去帮他的忙,或拿绳圈,或拿鱼钩鱼叉,以及卷在桅上的布帆。那帆用面粉袋子补成一块块的,卷起来,就像是一面长败之旗。老人瘦削而憔悴,颈背皱纹深刻。热带海上阳光的反射引起善性的皮癌,那种褐色的疮疤便长满了两颊,两手时常用索拉扯大鱼,也留下深折的瘢痕。这些瘢痕却都不新,只像无鱼的沙漠里风蚀留痕一样苍老。除了眼睛,他身上处处都显得苍老。可是他的眼睛跟海水一样颜色,活泼而坚定。(余光中译本)

他是个老人,独自驾一条小船在湾流中捕鱼,这回连续出海八十四天,一无所获。头四十天,有个男孩跟着他。不过,一连四十天都没捕到鱼,男孩的父母就对孩子说,这老头如今晦气到家了,真是倒霉透顶,于是,男孩照他们的吩咐上了另一条船,头一个星期就捕到了三条很棒的鱼。男孩见老人天天空船而归,心里很难受,他总是走下岸去,帮老人拿卷起来的钓线,或是鱼钩、鱼叉,还有缠在桅杆上的船帆。那船帆用面粉袋打了几个补丁,收拢起来真像是一面标志着永远失败的旗帜。老人瘦骨嶙峋,颈背上刻着深深的皱纹。他的两颊有着褐色的斑块,那是阳光在热带海面上的反射造成的良性皮肤病变。褐斑从上到下布满了他面颊的两侧,他的双手由于常用钓线拖拽大鱼,勒出了很深的疤痕。可是，这些伤疤没有一处是新的，和没有鱼的沙漠里风雨侵蚀留下的痕迹一样古老。他浑身上下都显得很苍老，只有那双眼睛，和大海是一样的颜色，看上去生气勃勃，有一股不服输的劲儿。（李育超译本）

不难发现两种译本各有侧重，余光中译本的语言更加书面化，更具有文学性，读来更符合日常阅读习惯；而李育超译本则更加口语化，句子更加简单，更加契合海明威在原著中表现的简洁、冷峻的语言特点，这也是课文选择该译本的原因。简单学习翻译学知识，能帮助学生提升阅读外国作品的能力，在未来阅读时选择更适合自己的译本。

当然，对学生来说，对"外国"最直观的感触可能是作品展现出的不同地域社会生活和人类生活的特点。确实，文化影响着人的认识活动、思维方式以及实践活动。通过阅读来自不同地域的文学作品，感受作品中人物展现的不同精神轨迹，能够帮助学生探索不同民族心理、不同时代精神以及具有普遍意义的人生智慧。了解不同时代、不同地域的文化，能使学生尊重文化多样性，提升文化鉴别力，也能引起学生观照和镜鉴本民族不同时期的文化特点。

此外，"外国"的特点还体现在作品的艺术特点上。作品的艺术特点既包括了作品体现的流派特征，也包括了作家本身的写作特点。以本单元为例，《大卫·科波菲尔》与《复活》同属于现实主义小说，侧重反映社会文化面貌；《老人与海》和《百年孤独》都是现代小说，更关注人类精神世界的成长与发展，具有浓重的象征意味。设计时，可以引导学生感受不同流派小说艺术特点的传承。应该看到，狄更斯、托尔斯泰、海明威、马尔克斯是极具个人特色的作家，学生通过阅读他们的作品亦可认识到他们在作品中的创新。这些外国文学作品都有不同于中国传统小说的创作技法，遂在近代成为中国现当代小说创新的借鉴，这也是在整本书阅读活动设计中值得关注的。

（二）活动设计专题化

学生在阅读长篇作品时，初始往往是零碎而芜杂的。选择一些合理的维度，按照学生的认知规律，通过专题化的设计来帮助学生认知与理解已经是不少语文老师在做的。值得我们注意的是，每一部作品都具有独立性，尤其那些公认的经典名著都是不可模仿的，因此在专题设计上，需要避免为了契合专题主题而强行同质化作品的某些特点，导致丧失作品的独特性。活动设计时要让学生认识到独特性才是一部作品的价值所在。

例如，孤独是古今中外人类共同面对的精神困境。外国小说单元的四篇课文都提到了"孤独"，有的描述个人的孤独、民族的孤独，有的描绘孤独的表现，也有的揭示孤独产生的原因、造成的后果等等。引导学生对孤独这一具有普遍性的"母题"进行研讨并在不同文本之间形成联系和参照，通过比较赏析既能体会到作品深刻的意义，也能够激发学生课后拓展阅读整本书的欲望。学生面对孤独困境时能够对自己进行审视和反思，找到抚慰心灵的路径，自会提升对自我和世界的认识。

二、书籍介绍

《大卫·科波菲尔》

《大卫·科波菲尔》是狄更斯最重要的代表作品，也是他心中"最宠爱的孩子"。该书序言中写道："在我所有的作品中，我最爱的是这一部。人们不难相信，对于我想象中的每个孩子，我是个溺爱的父母，从来没有人像我这样深爱着他们。不过，正如许多溺爱子女的父母一样，在我的内心最深处，我有一个最溺爱的孩子。他的名字就叫《大卫·科波菲尔》。"

《大卫·科波菲尔》采用第一人称的叙事方式，讲述了主人公大卫·科波菲尔在艰苦环境中通过自身奋斗逐渐成长的故事。大卫自幼丧父，从小和母亲克莱拉、女仆佩格蒂相依为命。母亲改嫁后，大卫受到继父谋得斯通的虐待，被送到寄宿学校住读，受尽屈辱和摧残。母亲生病去世，大卫又被继父送到谋得斯通-格林比货行当童工。因不堪忍受虐待和羞辱，他决计逃跑，去寻找住在多佛的贝特西姨婆。姨婆收养了他，并把他送进了坎特伯雷学校。毕业后，大卫决定做一个代诉人，进入斯潘洛-乔金斯事务所当学徒。可姨婆突然破产，为了减轻姨婆的经济负担，大卫找了个秘书工作，又学习速记，给一家《晨报》报道国会的辩论，同时开始写作。最后大卫成为一名杰出的作家，并和爱格尼斯结婚，过上幸福的生活。

《复活》

《复活》写于1889—1899年,是托尔斯泰晚年世界观发生剧变之后写的最后一部长篇巨著。小说取材于真实事件,主要写贵族聂赫留朵夫在出席法庭陪审时,发现被诬告杀人的玛丝洛娃正是他年轻时引诱、抛弃的姑娘,于是良心觉醒,开始悔罪。他极力为玛丝洛娃奔走伸冤,并请求同她结婚,上诉失败后又陪她流放西伯利亚。他的行为感动了玛丝洛娃,使她重新爱上了他。但为了不损害聂赫留朵夫的名誉和地位,玛丝洛娃没有和他结婚,而是接受了革命者西蒙松的求婚。最终两位主人公双双实现精神和道德的"复活"。小说以聂赫留朵夫为玛丝洛娃奔走上诉、陪她去西伯利亚为主线,淋漓尽致地描绘了人民的苦难,抨击了法庭、监狱、官僚机关的腐败、黑暗,广泛深入地再现了19世纪俄国社会的生活画面,全面体现了托尔斯泰"最清醒的现实主义""撕毁一切假面具"的创作思想。

《老人与海》

《老人与海》背景是在20世纪中叶的古巴。主人公是一位名叫圣地亚哥的老渔夫,配角是一个叫马诺林的小孩。风烛残年的老渔夫一连84天都没有钓到一条鱼,但他仍不肯认输,而是充满着奋斗的精神,终于在第八十五天钓到一条身长18尺,体重1500磅的大马林鱼。大鱼拖着船往海里走,老人依然死拉着不放,即使没有水,没有食物,没有武器,没有助手,左手抽筋,他也丝毫不灰心。经过两天两夜之后,他终于杀死大鱼,把它拴在船边。但许多鲨鱼立刻前来抢夺他的战利品。他一一地杀死它们,到最后只剩下一支折断的舵柄作为武器。结果,大鱼仍难逃被吃光的命运,最终,老人筋疲力尽地拖回一副鱼骨头。他回到家躺在床上,只好从梦中去寻回那往日美好的岁月,以忘却残酷的现实。

1954年,海明威凭借精通叙事艺术而获得诺贝尔文学奖,瑞典文学院授予海明威诺贝尔文学奖的理由是"由于他对叙事艺术的精通,突出地表现在他的近作《老人与海》中,同时也由于他对当代文风的影响。"《老人与海》被公认为最能体现海明威叙事技巧的典范之作,极度彰显了其简洁、客观的叙事风格。

《百年孤独》

《百年孤独》是魔幻现实主义文学的代表作,主要讲述了加勒比海沿岸的小镇马孔多，布恩迪亚家族一共七代人从兴起到衰亡的传奇故事。故事涉及四十多位家族成员，他们的命运看似各不相同，实则不断重复。无论是布恩迪亚家族，还是马孔多创建之初的其他家族，都无法摆脱宿命一般的孤独。

布恩迪亚家族的第一代先祖何塞·阿尔卡蒂奥·布恩迪亚因为决斗杀死一位朋友，为了摆脱亡灵的纠缠，他和妻子乌尔苏拉带领二十七户人家远走他乡，寻找大海，经过将近两年的艰难跋涉，中途在马孔多定居下来。何塞·阿尔卡蒂奥·布恩迪亚作为最有开拓精神和渴望进步的先祖，在创城之初精力充沛，向来到马孔多的吉卜赛人学习先进的科学，试图与外面的世界建立联系，但最后因为发现时间的停滞而精神失常，被家人当成疯子拴在树下直到死亡。

之后，布恩迪亚家族的第二、第三直至第七代人都生活在马孔多。最后一代是奥雷里亚诺和他的姨妈阿玛兰妲·乌尔苏拉生下的长有猪尾巴的男孩，被蚂蚁吃掉，印证了羊皮卷的预言：家族的第一个人被捆在树上，最后一个人被蚂蚁吃掉。作品融入神话传说、民间故事、宗教典故等因素，巧妙地糅合了现实与虚幻，展现出一个瑰丽的想象世界，成为20世纪重要的经典文学巨著。1982年加西亚·马尔克斯获得诺贝尔文学奖，奠定世界文学大师的地位，很大程度上便是凭借《百年孤独》的巨大影响。

三、版本选择

由于这四本书在统编教材中已经给定译本，因此在推荐学生阅读时一般推荐教材选定的译本，但可以在课堂中向学生简单介绍小说在中国的译介情况，让学生有一些译本选择的意识。

《大卫·科波菲尔》教材译本——河南文艺出版社，2015年版，宋兆霖译。

在20世纪中叶，中国翻译家林纾最早翻译过狄更斯的五部作品，其中就包括当时被命名为《块肉余生述》的《大卫·科波菲尔》。之后，随着小说在国内的推广，出现了诸多译本，其中比较有名的有董秋斯译本、张谷若译本、宋兆霖译本、庄绎传译本等等。统编教材选择的是狄更斯研究专家、著名翻译学家宋兆霖先生的译本，该译本也是狄更斯翻译作品中的经典之作。

《复活》教材译本——上海译文出版社，1983 年版，草婴译。

早在 20 世纪初，列夫·托尔斯泰的作品就开始进入中国读者的视野。1913 年，《复活》第一种译本出版，译者林纾并不懂俄文，是靠别人用中文口述，他再用中文写出，并改书名为《心狱》。此后有多个版本的《复活》问世。在众多译本中，著名翻译家草婴先生的 1983 年译本是最受读者欢迎的一个版本。该译本语言简洁凝练，音韵和谐，再现了原文形式美和内容美的统一，满足读者的审美期待，因此，统编教材中《复活》节选也选自该版本。

《老人与海》教材译本——人民文学出版社，2013 年版，李育超译。

作为海明威的经典作品，《老人与海》自 1952 年出版以来就有相当多的中国译本，其中不乏像张爱玲、余光中这样的文学巨擘的译作。在众多的译本中，统编教材选择的是北京大学英语系硕士李育超的译本。相比于其他译本，李育超译本的语言更加简朴、客观，极大程度地还原了海明威创作的基本态度——"完全客观的描写，任凭读者自由去体会"。推荐学生能够从阅读李本开始，尝试阅读其他经典版本，比较、探究。

《百年孤独》教材译本——南海出版公司 2017 年版，范晔译。

自 20 世纪 80 年代起，中国先后出版了多个版本的《百年孤独》，2011 年南海出版公司获得马尔克斯授权，发行了唯一正式授权的中文版。该版由北京大学西语系教授范晔翻译，文笔优美，用词贴切，有种历史的厚重感，贴近马尔克斯的风格，因此该版本是推荐给学生的不二之选。

四、课文介绍

《大卫·科波菲尔》

课文节选了小说的第十一章"独自谋生"。母亲去世后，大卫的继父谋得斯通霸占了科波菲尔家的财产，把大卫送到谋得斯通－格林比货行当童工。在此期间，他认识了负债累累但乐观开朗的米考伯先生和他的家人，与他们结下深厚的友谊。课文中大卫当童工的经历也是作家自己童年经历的投射，在这段经历中，只有十岁的主人公大卫落到了无人可依，无人理解的地步。面对生活苦难与困境，他依旧能够保持对生活的信心，能够拥有自强不息的勇气，能够怀有善良与真诚，最终战胜了眼前的困境，获得精神成长。

《复活》

课文节选的是小说第一部第四十三章，主要记述聂赫留朵夫鼓起勇气到监狱去看玛丝洛娃，向她忏悔当年的罪恶、请求她的宽恕的场景。聂赫留朵夫先是和玛丝洛娃两人隔着栅栏对话，不同于聂赫留朵夫的羞愧、不安、激动，没有认出对方的玛丝洛娃依旧保持着妓女的职业状态。但当玛丝洛娃认出面前就是害她跌入厄运深渊的聂赫留朵夫时，玛丝洛娃变得愤怒排斥。随后，聂赫留朵夫不停的忏悔让玛丝洛娃抓住了机会向他要钱，面对玛丝洛娃堕落的表现，聂赫留朵夫陷入了内心的矛盾，最终聂赫留朵夫觉醒了的"精神的我"又一次战胜了心中的"魔鬼"，坚定自己要在精神上唤醒玛丝洛娃，使她恢复本性。小说主要以两人的对话和大量的心理描写构建主干内容，刻画了男女主人公走向"复活"的心路旅程。

《老人与海》

课文节选的是老人与鲨鱼搏斗的情景，老人与大马林鱼较量了两天两夜，"双手和后背实在疼得厉害"，他感到累极了。可是当凶猛的灰鲭鲨向大马林鱼袭来时，他又使出全身的力气，用鲜血模糊的双手，带着十足的勇气和决心，进行顽强的对抗。就这样，老人与不断而来的鲨鱼搏斗了五回，作者以极简洁的语言，客观再现老人与鲨鱼激烈搏斗的经过，删去"解释、讨论，甚至议论"，突出表现困境面前老人的行动和心理，在极度饥饿、疲倦、孤单和伤痛的情况下，老人始终没有放弃对抗，体现出一个孤独的勇者的形象。

《百年孤独》

课文节选的是《百年孤独》的第三章，主要写马孔多受到外部文明的冲击。何塞·阿尔卡蒂奥跟着吉普赛人跑了，乌尔苏拉外出寻找，"没有追上吉普赛人，却找到了丈夫在失败的远征中没能发现的通向远大发明的道路"，马孔多与世隔绝的状态就此改变。大量移民的到来，使昔日僻静的小村落很快变成繁华的城镇，有了手工作坊和店铺，开通了永久商道。人们兴高采烈地迎接外来文明，重新设计街道、规划新居、分配土地，大家夜以继日地工作，总觉得时间不够用，有太多的事情要做。现代文明的融入，使马孔多迅速发展壮大，但也在传播、滋生着"贪欲与堕落"。吉卜赛人"把流动游艺会变成了大型赌场"，之后轮船、火车的到来，又将文化偏见、尊卑等级、种族歧视等随着科技文明源源不断地输入，何塞·阿尔卡蒂奥·布恩迪亚"保证人人享有平等权益"的文化消失殆尽，暴力、掠夺、专制、死亡取代原先的和平、宁静。布恩迪亚家族、马孔多镇面临的将是长达百年的动乱和灾难。

同时，不速之客丽贝卡带来的"失眠症"，感染了镇上所有人。"失眠症最可怕之处不在于让人毫无倦意不能入睡，而是会不可逆转地恶化到更严重的境地：遗忘。"遗忘童年的记忆、事物的名称和概念、各人的身份，以至于失去自我。为了防止灾难扩展到大泽区的其他村镇，马孔多人采取了卓有成效的隔离措施；为了抵御失忆，奥雷里亚诺想了个办法，给每样东西贴上标签，注明名称、解释功用。看似荒谬的情节，实则包含着深刻的寓意。贴上标签，是让人们记住曾经发生过的事，不要在文明的洪流前忘记历史，失去自己的"童年"也就失去了自我；有效隔离，是为了不让马孔多人的遗忘症扩散到整个地区乃至整个国家，因为这一疾病具有群体性、传染性的特征。作者以马孔多人日常生活中的遗忘症，来象征世人中普遍存在的历史健忘症，告诫人们不要忘记本民族的历史。

课文两部分的情节因果相连，成功隐喻了现代文明给个人和民族精神带来的冲击，此时，孤独也从布恩迪亚家族的个人蔓延到了整个民族，引发读者思考一个民族的文化、精神陷入孤立、不解甚至是误解之后会是怎样的。

五、活动设计

《献给孤独者的花束》
阅读活动（一）整体感知

任务：学生通过搜索整合资料，了解本单元四部小说在中国的译介情况。

任务说明：学生通过课堂介绍，简单了解翻译学知识以及单元中作品的重要译本。

阅读活动（二）认识孤独者的形象

任务1：结合小说的情节、描写，分析小说中孤独者的性格特点和典型意义。

任务说明：引导学生就书中人物作全面分析，既要综合分析人物的思想、品质、行为、习惯等;也要把握人物身上所代表的一个时代的精神特质以及人物超时代的象征、喻指意义。

任务2:梳理课文中关于这些孤独者的心理描写,比较不同心理描写的方法及作用的不同。

任务说明:心理描写是塑造人物孤独形象,推动情节发展的重要方法,通过学生自主梳理探究小说的心理描写,在赏析小说艺术技法的同时了解艺术手法的传承与创新。

阅读活动(三)探究孤独母题

任务1:每个人都在用自己的一生疗愈童年,小说中童年大卫遭到继父抛弃,独自生活的经历也让大卫用一生去疗愈,尝试阅读整本书探寻这段孤独的经历对大卫的一生产生了怎样的影响,大卫又是如何来疗愈童年带来的伤害。

任务说明:如果说孤独是一个人的根本处境,那么如何面对孤独带给我们的负面情绪就成为了我们每个人必须面对的人生课题。学生处在和小大卫一样的青少年时期,尽管不至如大卫一般颠沛流离,但仍时时有不被理解的孤独感,通过阅读整本书感受书中主人公在成长困境中不断战胜孤独的力量。

任务2:阅读《复活》整本书,探究聂赫留朵夫的"孤独"来自哪些方面。

任务说明:《复活》是托尔斯泰晚年世界观发生剧变之后写出的最后一部长篇巨著,同时这也是一部有现实原型的小说,可以窥见19世纪俄国社会阶级间的矛盾,小说主人公聂赫留朵夫的孤独不仅仅来自个人心灵,更是来自于和整个贵族阶级的对抗,探究他的心路旅程,理解觉醒者的孤独与痛苦。

任务3:《老人与海》中的老人与初中整本书阅读的《鲁滨逊漂流记》中的鲁滨逊一样都是独自冒险,不同的是老人独自航行冒险,尽管孤独,但他时时能想到小男孩,似乎并不孤独;而鲁滨逊在孤岛上结识了原始人"星期五"并获得陪伴,但他仍时时感到孤独,对此你怎么看?

任务说明:一个人是否孤独并不在于是否有人陪伴,而在于心灵与心灵之间的碰撞、契合,通过比较阅读,让学生对孤独有更加深刻的认识。

任务4:同样是以一个家族的盛衰史来投射一个历史阶段,揭示基本的历史规律,探究《红楼梦》与《百年孤独》写法的异同。

任务说明:《百年孤独》不仅从个体存在的角度阐释了孤独的心理学内涵,而且折射了现实的拉丁美洲社会历史,而在更为广阔的角度,以更加沉重的态度展现了孤独的社会学含义。对照《红楼梦》和《百年孤独》，我们不难发现，两者在隐喻历史中的相似之处：在西方文化视角中，无论是南美洲的文化历史还是中国的文化历史，都是"异史"，那么，如何在西方文化霸权主义的笼罩下审视、传承本民族文化，实现"各美其美，美人之美，美美与共"的文化观念。

阅读活动（四）塑造一个孤独者形象

任务：只要你认真观察，就会发现"孤独"无处不在，请尝试创作一篇小小说，塑造一个当代"孤独者"的人物形象并与同学交流。

任务说明：在领略作家塑造人物形象的匠心后，鼓励学生借鉴本单元作品中自己喜欢的一些手法进行创作，结合时代与自身的经历，深化自己对"孤独"这一母题的思考。